山西省"十四五"职业教育规划教材

中等职业教育新能源汽车专业系列教材

新能源汽车电机及控制系统检修

主编 侯企强

主审 黄胜勇

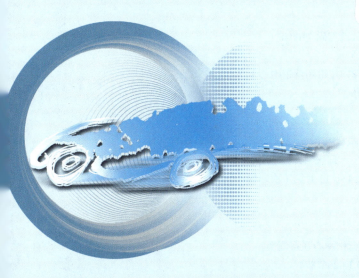

西安交通大学出版社

图书在版编目（CIP）数据

新能源汽车电机及控制系统检修 / 侯企强主编. -- 西安：西安交通大学出版社，2024.12. --（中等职业教育新能源汽车专业系列教材）. -- ISBN 978-7-5693-3941-3

I. U469.703

中国国家版本馆 CIP 数据核字第 2025ND6583 号

Xinnengyuan Qiche Dianji Ji Kongzhi Xitong Jianxiu

书　　名	新能源汽车电机及控制系统检修
主　　编	侯企强
策划编辑	杨　璠
责任编辑	刘艺飞
责任校对	张明玥
装帧设计	伍　胜

出版发行	西安交通大学出版社 （西安市兴庆南路 1 号　邮政编码 710048）
网　　址	http://www.xjtupress.com
电　　话	（029）82668357　82667874（市场营销中心） （029）82668315（总编办）
传　　真	（029）82668280
印　　刷	西安五星印刷有限公司
开　　本	787 mm×1092 mm　1/16　印张 12.5　字数 200 千字
版次印次	2024 年 12 月第 1 版　2024 年 12 月第 1 次印刷
书　　号	ISBN 978-7-5693-3941-3
定　　价	56.00 元

如发现印装质量问题，请与本社市场营销中心联系调换。

订购热线：（029）82665248　（029）82667874

版权所有　侵权必究

《新能源汽车电机及控制系统检修》编委会

主　编： 侯企强
主　审： 黄胜勇
参编人员： 李俊杰　贾伟涛　冯学萍　许　亮
　　　　　　贾友刚　王　刚　安志远　郭翼龙
　　　　　　郝　兴　司志斌　王志宏　李海峰
　　　　　　王艳斌　卫　帅　靳鹏宪　刘宏亮
　　　　　　郭强斌　高　鹏　赵基庆　李聪聪
　　　　　　罗紫燕　王志英　曹耀杰　张飞飞
　　　　　　弥永波　李海河　李丽岩

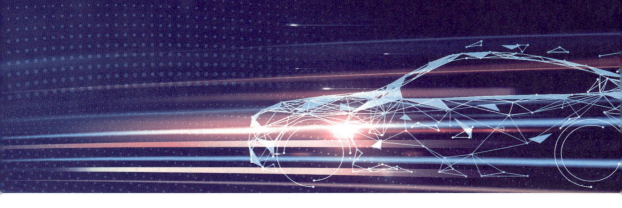

PREFACE 前言

随着新能源汽车技术的快速发展和国家政策扶持力度的增大,新能源汽车生产制造与售后服务的人员需求必将逐步增加,有些职业院校已经抓住了市场机遇,及时调整了专业培养方向,已经开设或准备开设新能源汽车技术专业。但是目前市场上关于混合动力汽车、纯电动汽车维修方面的书籍较少,并且大多都是关于理论研究的。为了让更多人,特别是新能源汽车的维修和售后服务人员,对新能源汽车有更深入的了解,编写组结合中国车系特点,编写了本系列教材。

本书采用学习任务导入模式,任务多以企业一线的案例作为引子。本书所使用的车型主要是近年来针对中、高职学生开展的国家级(包括教育部、交通运输部、人社部等)新能源汽车维修赛项所使用的吉利和比亚迪的纯电动主流车型,以新能源汽车驱动电机的主流技术及其检修方法为主要出发点,对新能源汽车的驱动电机系统进行全方位的讲解。

本书共有四个项目,分别是新能源汽车驱动电机概述、驱动电机结构原理与检修、驱动电机控制器的结构与检修、驱动电机冷却系统原理与检修。每个项目由若干学习任务组成，每个学习任务包括学习目标、知识储备和任务工单三部分。编者深入新能源汽车维修企业收集整理关于驱动电机及控制系统的常见故障及维修思路，选取了驱动电机检修的典型工作任务，并从实际维修环节中收集了大量的故障案例进行总结，对学生排除故障具有引导型示范作用，同时也便于教师更好地完成教学。任务工单对应每个学习任务，每个任务工单以任务准备、任务实施、任务评价为主线，结合理论内容进行实践操作，形成理实一体化的教学模式。

本书依据教育部颁布的专业教学标准要求，将职业技能等级证书考核标准中对新能源汽车驱动电机及控制系统的结构及原理认知、故障诊断与维修技能的要求有机地结合在一起。所涉及的工作任务紧扣未来的工作需要，合理设置理论教学和技能训练的环节，实现"教、学、做"合一，增强教材的实用性。教材打破传统的知识体系，以"必需、够用"为原则，将冗长的理论、原理知识点化，知识点任务化、案例化，并与实际操作合二为一，将理论与实践一体化，让学生在做中学习，在做中发现规律，获取知识。

本书在编写过程中参考了相关文献资料，在此一并表示感谢。由于编者水平和经验有限，书中难免存在不足之处，恳请广大读者批评指正。

编者
2024 年 10 月

目 录
CATALOGUE

项目 1　新能源汽车驱动电机概述　/1

　　任务 1.1　新能源汽车驱动电机电学基础认知　/3

　　任务 1.2　新能源汽车驱动电机基础知识认知　/33

项目 2　驱动电机结构原理与检修　/47

　　任务 2.1　驱动电机认知　/49

　　任务 2.2　驱动电机结构原理认知　/65

　　任务 2.3　驱动电机的更换与故障诊断　/95

项目 3　驱动电机控制器的结构与检修　/127

　　任务 3.1　电机控制器的认知与更换　/129

　　任务 3.2　电机控制器的故障检修　/145

项目 4　驱动电机冷却系统原理与检修　/157

　　任务 4.1　驱动电机冷却系统结构与原理　/159

　　任务 4.2　驱动电机冷却系统一般保养与维修　/167

　　任务 4.3　驱动电机冷却系统故障诊断　/181

项目 1

新能源汽车驱动电机概述

驱动电机是新能源汽车三大核心部件之一，是车辆行驶的主要动力装置，其性能决定了新能源汽车的主要性能参数，直接影响车辆的动力性、续航里程和用户的驾乘感受。通过本项目的学习，应掌握驱动电机的基本知识及驱动电机的电学基础知识。

任务 1.1 新能源汽车驱动电机电学基础认知

学习目标

（1）能够正确理解驱动电机电磁学基础知识。
（2）能够正确描述 AC/DC 转换电路的工作原理与应用。
（3）能够正确描述 DC/DC 转换电路的工作原理与应用。
（4）能够正确描述 DC/AC 转换电路的工作原理与应用。
（5）提升自身人文素养，培养认真学习、不断探索的精神。
（6）培养爱岗敬业、诚实守信的职业素养。

知识储备

一、驱动电机电磁基础

电机是一种机电能量转换装置，新能源汽车上为车辆提供驱动力的电机为驱动电机。电机以电场或磁场为耦合场，由于磁场在空气中储能密度较电场大，所以绝大多数电机以磁场为耦合场，以电磁感应作用来实现机电能量的转换。电机中磁场的强弱和分布，不仅关系到电机的性能，还决定了电机的体积和重量，因此，掌握磁场的分析和计算方法对认识电机非常重要。

磁场是由运动电荷或变化的电场产生的，磁场的基本作用是对其中运动的电荷施加作用力。与磁场相关的定义和物理量介绍如下。

1. 磁铁

物体具有的能够吸引铁、钴、镍一类物质的性质为磁性。具有磁性的物体为磁体。磁体可分为天然磁体和人造磁体。常见的天然磁体是磁铁矿（通常称天然磁石），常见的人造磁体有条形磁铁、蹄形磁铁和小磁针等，如图1-1 所示。

（a）条形磁铁　　　　（b）蹄形磁铁　　　　（c）小磁针

图 1-1　常见人造磁铁

2. 磁极

磁体上磁性最强的两端称为磁极。任何磁体，无论多小，都有两个磁极，即磁极总是成对出现并且强度相等的，不存在独立的磁极。可以在水平面内自由转动的磁体，静止时一个磁极指向南方，另一个磁极指向北方，指向南方的称为南极，记作 S（极），指向北方的称为北极，记作 N（极）。磁极之间存在着相互作用力，而且同名磁极相斥，异名磁极相吸，如图1-2所示。

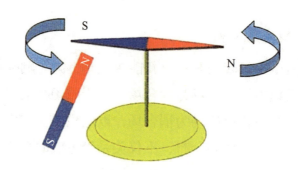

图 1-2　磁极之间的相互作用力

3. 磁场

磁极之间的相互作用力是通过磁极周围的磁场传递的。磁场是存在于磁体周围的一种特殊的物质。磁场和电场一样，是物质存在的另一种形式，是客观存在的物质，具有力和能的特征。

与电场中用检验电荷区检验电场存在的方法相似,可借磁极之间存在相互作用力的特性,用小磁针来检验某一个磁体周围磁场的存在,如图 1-3 所示。

图 1-3　在磁场中小磁针的方向

人们规定磁场的方向:在磁场中的任意一点,小磁针北极所指的方向就是这一点的磁场方向。

4.磁力线

磁场是一种特殊的物质,它不能被肉眼所看到。人们可以通过铁屑在磁场作用下形成的图案,即一组闭合的曲线来描述这种磁场。这种描绘磁场的曲线,称为磁力线。在磁力线上,每一点的切线方向都与该点的磁场方向相同。

图 1-4 (a) 和 (b) 分别为条形磁铁和蹄形磁铁的磁力线。地球本身就是一个巨大的磁体 (图 1-4 (c)),地球的磁场与条形磁铁的磁场相似。均匀磁场:在某一区域内,若磁场的强弱和方向都相同,这部分磁场称为均匀磁场。

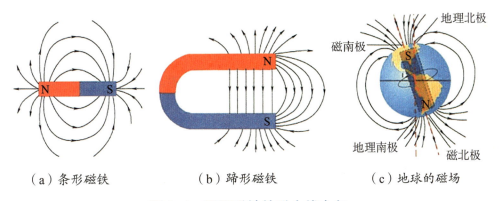

(a) 条形磁铁　　　(b) 蹄形磁铁　　　(c) 地球的磁场

图 1-4　不同磁铁的磁力线方向

5. 磁感应强度（或磁通密度）

磁感应强度又叫磁通密度，它是表示磁场内某点磁场强弱的物理量，是表征磁场特性的基本物理量，其大小可以用垂直于磁场方向单位面积的磁力线数目来表示，符号为 B。

6. 磁通量

在磁场中，穿过任意截面的磁力线总量称为该截面的磁通量，简称磁通，符号为 Φ。

在均匀磁场中，磁感应强度 B 与垂直磁场方向的面积 S 的乘积，称为穿过这个面的磁通量，如图 1-5 所示。简单地说就是以穿过某个面的磁力线条数表示穿过这个面的磁通量。

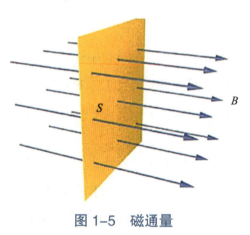

图 1-5 磁通量

7. 磁导率

磁导率是表示物质导磁性能的参数，用符号 μ 表示，单位是亨利每米（H/m）。

空气、铜、铝和绝缘材料等非铁磁材料的磁导率和真空磁导率大致相同，而铁、镍、钴等铁磁材料及其合金的磁导率比真空磁导率大很多，为其 $10 \sim 10^5$ 倍。

8. 磁场强度

磁场中某点的磁感应强度与该点磁导率的比值定义为该点的磁场强度，用符号 H 表示。

磁场强度只与产生磁场的电流及电流的分布有关，与磁介质的磁导率无关，单位为安培每米（A/m）。磁场强度概念的引入只是为了简化计算，没有物理意义。

9. 载流导体在磁场中的安培力

载流导体在磁场中要受到力的作用，称之为安培力，方向用左手定则判定，如图 1-6 所示。

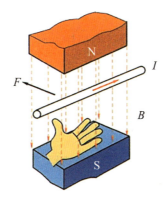

图 1-6　左手定则

左手定则（电动机定则）：伸开左手，使拇指与其余四个手指垂直，并且都与手掌在同一平面内；让磁力线从掌心穿过，四指指向电流方向；拇指所指方向就是通电导线在磁场所受安培力的方向。

在旋转电机中，作用在转子载流导体上的电磁力将使转子受到一个力矩，此力矩称为电磁转矩。电磁转矩在电机的能量形态转换中起到重要的作用。如果在固定磁场中放置一个通有电流的导体，则会在载流导体上产生一个电磁力即安培力。载流导体受力的大小与导体在磁场中的位置有关。当导体与磁力线方向垂直时，所受的力最大，如图 1-7（a）所示。当导体与磁力线方向平行时，所受的力最小为零，如图 1-7（b）所示。电磁力与磁感应强度 B、导体长度 l 及通电电流强度 i 成正比。

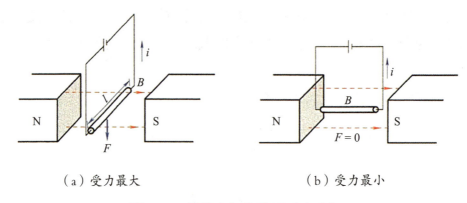

（a）受力最大　　　　　　　　　（b）受力最小

图1-7　旋转电机中转子受力分析

10. 电磁感应现象

电磁感应现象是指放在变化的磁通量中的导体，会产生感应电动势的现象。例如，闭合电路的一部分导体在磁场里做切割磁力线的运动时，导体中就会产生电流，产生的电流称为感应电流，产生的电动势（电压）称为感应电动势，如图1-8所示。

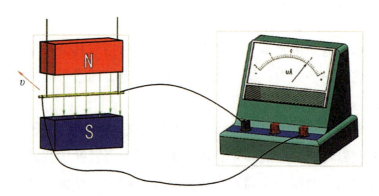

图1-8　检验导线切割磁力线时产生的感应电流

电磁感应定律中电动势的方向可以通过楞次定律或右手定则来确定。右手定则（图1-9）：所示伸平右手使拇指与四指垂直，手心向着磁场的N极，拇指的方向与导体运动的方向一致，则四指所指的方向即为导体中感应电流的方向（感应电动势的方向与感应电流的方向相同）。楞次定律：感应电流的磁场要阻碍原磁通量的变化。简而言之，就是磁通量变大，产生的电流有让其变小的趋势；而磁通量变小，产生的电流有让其变大的趋势。

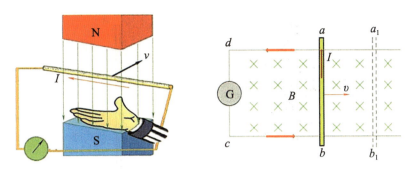

图 1-9　判定导线切割磁力线时感应电流的方向

应用楞次定律判断感应电流方向的具体方法：首先根据楞次定律判断感应电流磁场方向，然后根据安培定则（右手螺旋定则）即可判断出线圈中的感应电流方向。

右手定则和楞次定律可用来判断感应电流的方向，两种方法的本质是相同的，所得的结果也是一致的。右手定则适用于判断导体切割磁力线的情况，而楞次定律则用于判断感应电流方向的普遍规律。

影响方向的因素：闭合回路中的导体切割磁力线运动产生的感应电流的方向与导体运动的方向、磁场的方向有关，如图1-10所示。图1-10（a）表示导体切割磁力线运动产生感应电流，图1-10（b）表示改变导体运动方向，产生的感应电流方向发生了改变，图1-10（c）表示改变磁场方向，产生的感应电流方向发生了改变。

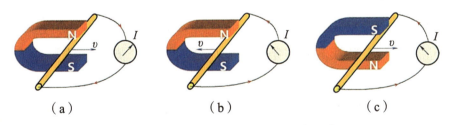

（a）　　　　　　　（b）　　　　　　　（c）

图 1-10　影响感应电流方向的因素

11. 安培定则

安培定则一（用于通电直导线）：用右手握住通电直导线，让大拇指指向电流方向，那么，四指的指向就是磁力线的环绕方向，如图1-11所示。可见，通电直导线的磁场是一系列同心圆。

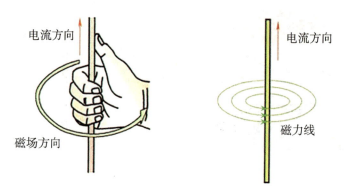

图 1-11　右手螺旋定则

安培定则二（用于通电螺线管）：用右手握住通电螺线管，使四指弯曲的方向与电流方向一致，那么大拇指所指的那一端就是通电螺线管的 N 极，如图 1-12 所示。可见通电螺线管的磁场与条形磁铁的磁场相似。

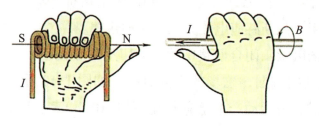

图 1-12　安培定则

12. 旋转磁场

旋转磁场是磁感应矢量在空间以固定频率旋转的一种磁场，是电能和转动机械能之间相互转换的基本条件。其广泛应用于交流电机、测量仪表等装置中。

（1）旋转磁场的产生。若想要异步电机转子转动起来，必须要有旋转磁场，理论证明，如果在三相定子绕组中通以三相对称交流电流，就可以产生旋转磁场。不仅可以产生两级的旋转磁场，而且还可以产生四级、六级的旋转磁场。

（2）旋转磁场的转向。三相电流的相序是 U-V-W，即 U_1U_2 绕组流入的是电源的 U 相电流，V_1V_2 绕组流入的是电源的 V 相电流，W_1W_2 绕组流入的是电源的 W 相电流。它们所产生的旋转磁场是顺时针方向。若改变通入三相绕组中电流的相序,即将任意两相进行调换,如V、W互换,也就是使i_v电流流入W_1W_2绕组,使i_w电流流入V_1V_2绕组,如图1-13(a)所示,按上述同样的方法进行分析,旋转磁场的转向则变为逆时针方向,如图1-13(b)(c)所示。

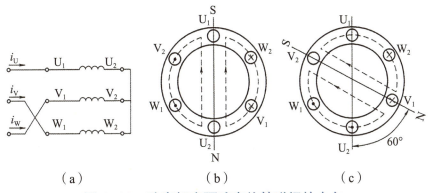

图1-13 改变相序可改变旋转磁场的方向

因此,只要将接入三相电源的定子三相绕组中的任意两相对调,就能改变旋转磁场的转向,从而改变电机的旋转方向。

(3)旋转磁场的转速。旋转磁场转速的大小与电源频率有关,且与电源频率成正比,旋转磁场转速又与磁极对数有关,且与磁极对数成反比。

二、AC/DC转换电路

AC/DC转换电路,是将交流电转换成直流电的电路,大多数整流电路由变压器、整流主电路、滤波器等组成。20世纪70年代以后,整流主电路多由硅整流二极管或晶闸管组成。滤波器接在主电路与负载之间,用于滤除脉动直流电压中的交流成分。变压器的作用是实现交流输入电压与直流输出电压间的匹配及交流电网与整流电路之间的电隔离。

(一)不可控整流电路

1. 单相半波整流电路

(1)定义。整流电路是利用二极管的单向电导性将交流电转换成脉动直流电的电路。半波整流电路是电源电路中一种最简单的整流电路,它的电路结构最为简单,由整流变压器、二极管及负载等组成。单相半波整流电路与波形如图 1-14 所示。

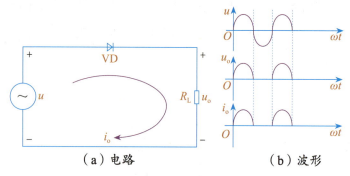

图 1-14 单相半波整流电路与波形

（2）工作原理。当 u 为正半周时，二极管 VD 正向导通；当 u 为负半周时，二极管 VD 反向截止。

整流波形如图 1-14（b）所示。由于这种电路只在交流的半个周期内才导通，即只有在正半周时才有电流流过负载，故称为单相半波整流电路。

（3）输出电压和输出电流。负载电阻上得到的是一个半波整流电压，整流电压虽然是单方面的，但其大小是变化的，故称之为脉动直流电压，如图 1-15 所示。整流输出电压平均值 $u_0=0.45u$。

图 1-15 单相半波整流电路波形变化

半波整流电路的输出电压不到输入电压的一半，交流分量大、效率低，因此这种电路仅适用于整流电流较小、对脉冲要求不高的场合。

2. 单相桥式整流电路

（1）定义。为了克服半波整流电路的缺点，在实用电路中多采用全波整流电路，最常用的全波整流电路是桥式整流电路。桥式整流电路由 4 个二极管接成电桥的形式构成，如图 1-16 所示。

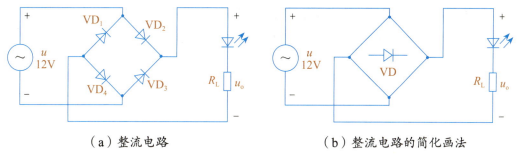

（a）整流电路　　　　　　　（b）整流电路的简化画法

图 1-16　单相桥式整流电路及简化画法

（2）工作原理。当输入信号为正半周时，VD_2、VD_4 导通，VD_1、VD_3 截止，负载上有半波输出；当输入信号为负半周时，VD_1、VD_3 导通，VD_2、VD_4 截止，负载上有半波输出。

在输入信号的一个周期内，负载上得到两个半波。单相桥式整流电路的波形如图 1-17 所示。

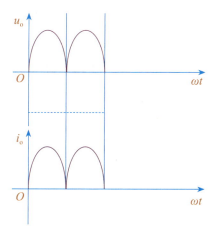

图 1-17　单相桥式

（3）基本参数。在单相桥式整流电路中，交流电在一个周期内的两个半波都有同方向的电流流过负载，因此在同样的输入电压下，该电路输出的电流和电压均比半波整流大一倍。

3. 三相桥式整流电路

三相桥式整流电路是由两组三相半波整流电路串联而成的，一组接成共阴极，另一组接成共阳极，这种整流电路不再需要变整流电路的波形压器中点。

三相桥式不可控整流电路如图 1-18 所示，VD_1、VD_3、VD_5 为共阴极三相半波整流，VD_2、VD_4、VD_6 为共阳极三相半波整流。

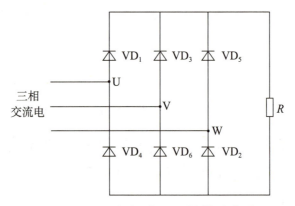

图 1-18　三相桥式不可控整流电路

三相桥式整流电路工作时，共阴极的 3 个二极管中，阳极交流电压最高的那个二极管优先导通，而另外 2 个二极管因承受反压处于关断状态；同理，共阳极的 3 个二极管中，阴极交流电压最低的那个二极管优先导通，而另外 2 个二极管因承受反压处于关断状态。即在电路工作过程中，共阴极组和共阳极组中各有 1 个二极管处于导通状态，其工作波形如图 1-19 所示。

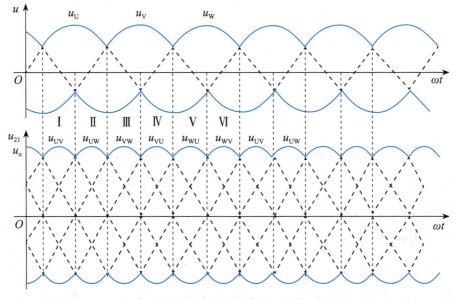

图 1-19　三相桥式整流电路波形

项目 1　新能源汽车驱动电机概述

在如图 1-19 所示的波形 Ⅰ 段中，U 相电压最高，V 相电压最低，因此二极管 VD_1、VD_6 导通，$u_0=u_U-u_V=u_{UV}$；在波形 Ⅱ 段中，由于 u_W 比 u_V 更低，所以共阳极组 VD_2 导通，VD_6 承受反压而关断，此时 $u_0=u_U-u_W=u_{UW}$；在波形 Ⅲ 段中，由于 u_U 比 u_V 更低，所以共阴极组 VD_3 导通，VD_1 承受反压而关断，此时 $u_0=u_V-u_W=u_{VW}$。以此类推，输出电压 u_0 为线电压中最大的一个，其波形为线电压 u_{21} 的包络线。由图 1-19 可知，输出电压 u_0 一个周期内脉动 6 次，每次脉动的波形都相同，因此三相桥式整流电路也被称为六脉波整流电路，该整流电路的输出电压波形比单相桥式整流电路的输出电压波形更为平滑，因而更容易滤波。

在单相桥式整流电路中，每个二极管承受交流电源的相电压幅值，而在三相桥式整流电路中，每个二极管要承受交流电源的线电压幅值，因此三相桥式整流电路中的二极管需要选用更高的耐压值。

（二）PWM 整流电路

PWM 整流电路由全控性功率开关器件构成，采用脉冲宽度调制（pulse width modulation，PWM）控制方式。PWM 整流电路不是传统意义上的 AC/DC 转换电路，而是一种能够实现电能双向转换的电路，当 PWM 整流电路从电网接收电能时，工作于整流状态；当 PWM 整流电路向电网反馈电能时，则工作于有源逆变状态。根据不同的分类，PWM 整流电路有不同的类型，按电路的拓扑结构和外特性，PWM 整流电路可分为电压型和电流型，两者的区别在于直流侧滤波形式的不同，电压型整流电路采用大电容，电流型整流电路则采用大电感。电压型 PWM 整流电路应用更为广泛。

1. 单相电压型 PWM 整流电路

单相电压型 PWM 整流电路最初应用于电力机车交流传动系统中，为牵引变流器提供直流电源。单相电压型 PWM 整流电路如图 1-20 所示，每个桥臂由 2 个全控器件和反并联的整流二极管组成，L_1 为交流侧附加的电抗器，起平衡电压、支撑无功功率和储存能量的作用 u_N 是正弦波电网电压，u_o 是整流电路的直流侧输出电压；u_i 是交流侧输入电压，是 PWM 控制方式下的脉冲波，其基波与电网电压同频率，幅值和相位可控；i_N 是 PWM 整流器从电网吸收的电流，电网可以通过整流二极管 $VD_1 \sim VD_4$ 完成能量从交流侧向直流侧的传递，也可以经全控器件 $VT_1 \sim VT_4$ 从直流侧逆变为交流，反馈给电网，所以 PWM 整流器的能量转换是双向的，而能量的传递趋势是整流还是逆变，主要取决于 $VT_1 \sim VT_4$ 的脉宽调制方式。

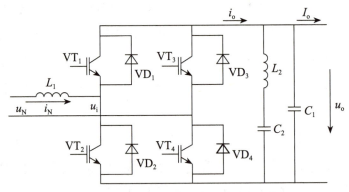

图 1-20　单相电压型 PWM 整流电路

图 1-20 中的串联型滤波器的谐振频率是基波频率的 2 倍，从而可以短路交流侧的偶次谐波。

2. 三相电压型 PWM 整流电路

三相电压型 PWM 整流电路如图 1-21 所示。这是最基本的 PWM 整流电路，应用也最广泛。u_U、u_V、u_W 为交流侧电源电压，i_U、i_V、i_W 为交流侧电源电流，L 为电抗器（即电路的电感），C 为直流侧滤波电容。

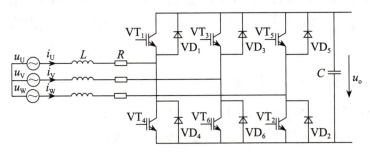

图 1-21　三相电压型 PWM 整流电路

三相电压型 PWM 整流电路具有更快的响应速度和更好的输入电流波形，稳态工作时，输出电流电压不变，开关器件按正弦规律脉宽调制，整流器交流侧的输出电压与逆变器相同，忽略整流电路输出交流电压的谐波，变换器可以看作是可控正弦三相电压源。它和正弦的电源高电压共同作用于输入电感,产生正弦电流波形,适当控制整流电路输出电压的间隔值和相位,就可以获得所需大小和相位的输入电流。

3. 三相电流型 PWM 整流电路

三相电流型 PWM 整流电路如图 1-22 所示。L_o 为整流侧大电感,用于稳定输出电流使输出特性为电流源特性,利用正弦调制方式控制直流电流在各开关器件上的分配,使交流电流波形接近正弦波,且和电源电压同相位,交流侧电容的作用是滤除与开关频率相关的高次谐波。

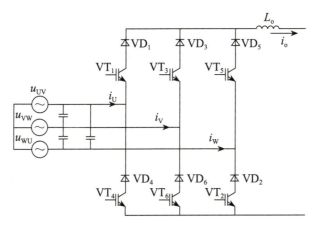

图 1-22 三相电流型 PWM 整流电路

电流型整流电路的优点:

(1)由于输出电感的作用,短路时电流的上升速度受到限制。

(2)开关器件直接对直流电流进行脉宽调制,所以输入电流控制简单,控制速度快。电流型整流电路的缺点:

(1)直流侧电感的体积、质量和功耗较大。

(2)常用的全控器件都是双向导通的,使主电路通态损耗较大。

PWM 整流电路改善了传统晶闸管相控整流电路中交流侧谐波电流较大、深度相控时功率因数较低的缺点。PWM 整流电路采用全控器件可以实现理想化的交/直流转换,具有输出直流电压可调、交流侧电流波形为正弦、功率因数可调、可双向转换等优点。

车载充电机是整流电路在新能源汽车上的典型应用,其功能是将电网单相交流电转换为直流电给动力蓄电池充电。为了提高电路的功率因数，减小设备体积，达到比较理想的输出效果，一般是将整流电路和其他结构的电路形式相结合，完成电能转换。车载充电机电路结构如图 1-23 所示。

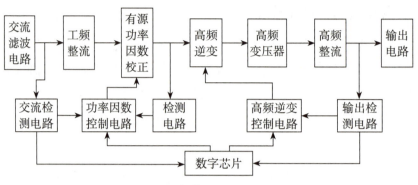

图 1-23　车载充电机电路结构

三、DC/DC 转换电路

DC/DC 转换电路的功能是将直流电变为另一个固定电压或可调电压的直流电，包括直接直流转换电路和间接直流转换电路。直接直流转换电路也称为斩波电路，它的功能是将直流电变为另一个固定电压或可调电压的直流电，一般是指直接将直流电变为另一个直流电，这种情况下输入与输出之间不隔离。间接直流转换电路在直流转换电路中增加了交流环节，在交流环节中通常采用变压器实现输入、输出间的隔离，因此也称为带隔离的 DC/DC 转换电路。

（一）直流斩波电路

1. 直流斩波电路的工作原理

工程上，一般将以开关管按一定控制规律调制且无变压器隔离的 DC/DC 变换器称为直流斩波器。直流斩波电路的主要工作方式是脉宽调制（PWM）工作方式，其基本原理是通过开关管把直流电斩成方波（脉冲波），通过调节方波的占空比（脉冲宽度与脉冲周期之比）来改变电压。

如图 1-24 所示，输入电压 U_i 通过开关与负载串联，当开关闭合时，输出电压等于输入电压，$U_o=U_i$；而当开关断开时，输出电压等于零，$U_o=0$；

从而得到基本电压转换电路的输出电压波形。

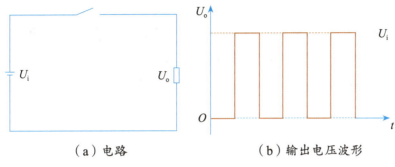

（a）电路　　　　　　　　（b）输出电压波形

图 1-24　直流斩波电路和输出电压波形

用可控的功率开关管代替开关，输入一定的控制信号，控制电路的交替通断，获得可调的输出电压，达到降压的目的。图 1-25 是基本斩波与输出电路波形。

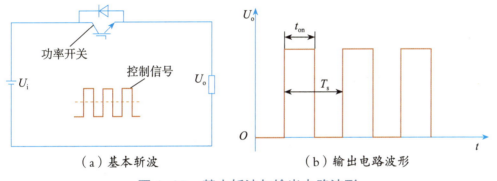

（a）基本斩波　　　　　　　　（b）输出电路波形

图 1-25　基本斩波与输出电路波形

在周期 T_s 不变的情况下，改变导通时间 t_{on} 就可以改变 U_o 的大小。将功率开关的导通时间（t_{on}）与开关周期（T_s）之比定义为占空比，用 D 表示，即

$$D = t_{on}/T_s$$

由于占空比 D 不大于 1，所以输出电压 U_o 不大于输入电压 U_i。因此改变 D 值就可以改变输出电压平均值的大小。而占空比的改变可以通过改变导通时间或周期来实现。

2. 直流斩波电路的控制信号

（1）脉冲宽度调制（PWM），如图 1-26（a）所示，即维持 T_s 不变，改变 t_{on}。在这种控制方式中，输出电压波形的周期或频率是不变的，因此输出谐波的频率也是不变的,这使得滤波器的设计变得较为容易,并得到普遍应用。

(2)脉冲频率调制(PFM),如图1-26(b)所示,即维持 t_{on} 不变,改变 T_s。在这种控制方式中,由于输出电压波形的周期或频率是变化的,因此输出谐波的频率也是变化的,这使得滤波器的设计比较困难,输出波形谐波干扰严重,一般很少采用。

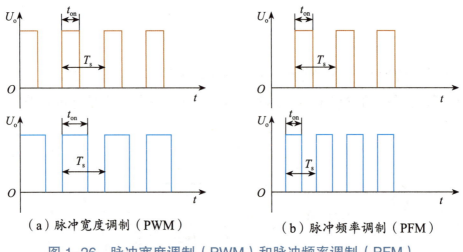

图1-26 脉冲宽度调制(PWM)和脉冲频率调制(PFM)

(3)调频调宽混合控制。这种控制方式不但要改变 t_{on} 也要改变 T_s,其特点是可以大大提高输出范围,但由于频率是变化的,也存在着滤波器设计较难的问题。

(二)降压斩波电路

1. 降压斩波电路的结构

降压斩波电路的结构如图1-27所示。

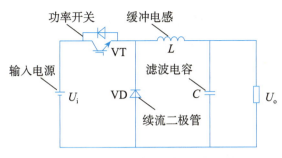

图 1-27 降压斩波电路的结构

（1）为抑制输出电压脉动，在基本原理电路中加入滤波电容 C。

（2）为限制功率开关管 VT 导通时的电流应力，将缓冲电感串入功率开关管 VT 的支路中。

（3）为了避免功率开关管 VT 关断时缓冲电感中电流的突变，加入续流二极管 VD。

2. 降压斩波原理

降压斩波电路是使用广泛的直流转换电路之一。开关管 VT 把输入的 U_i 斩成方波输出到负载上。图 1-28 为斩波后的输出波形，方波的周期为 T_s，在 VT 导通时输出电压等于 U_i，导通时间为 t_{on}，在 VD 关断时输出电压等于 0，关断时间为 t_{off}，占空比 $D=t_{on}/T_s$，方波电压的平均值与占空比成正比。

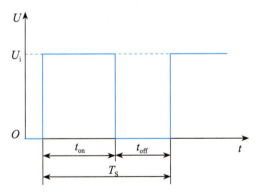

图 1-28 斩波后的输出波形

如图 1-29 所示的方波为连续输出波形，其平均电压如图中折线所示。红线为连续输出波形，其平均电压如蓝线所示。改变脉冲宽度即可改变输出电压，在时间 t_1 前脉冲较宽、间隔窄，平均电压（U_{o1}）较高；在时间 t_1 后脉冲变窄，平均电压（U_{o2}）降低。固定方波周期 T_s 不变，通过改变占空比调节输出电压的方法就是 PWM 法，也称为定频调宽法。由于输出电压比输入电压低，因此此电路被称为降压斩波电路或 Buck 变换器。

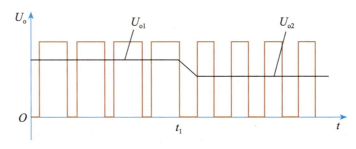

图 1-29 连续输出波形和平均电压

方波脉冲不能算直流电源，实际使用要加上滤波电路，图 1-30 是加有 LC 滤波的电路，L 是滤波电感、C 是滤波电容、VD 是续流二极管。当 VT 导通时，L 与 C 蓄能，向负载输电；当 VT 关断时，C 向负载输电，L 通过 VD 向负载输电。输出方波选用的频率较高，一般是数千赫兹至几十千赫兹，故电感体积很小，输出波纹也不大。电路输出电压 $U_o=DU_i$（D 是占空比，值为 $0\sim1$）。

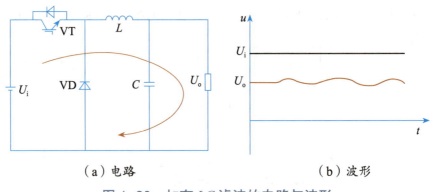

（a）电路　　　　　　　　　　（b）波形

图 1-30 加有 LC 滤波的电路与波形

（三）升压斩波电路

1. 升压斩波电路的结构

Boost 变换器又称升压变换器、升压斩波电路、并联开关变换器，由功率开关、二极管、储能电感、输出滤波电容等组成，如图 1-31 所示。

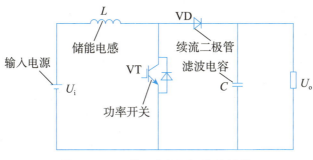

图 1-31 升压斩波电路的结构

2. 升压斩波电路工作原理

通过电感元件还可组成升压斩波电路，如图 1-32 所示，当开关管 VT 导通时，电流功率开关通过电感 L 时会在 L 中存储能量，此时负载上的电压由电容 C 提供，当开关管 VT 关断时，电感 L 释放能量，输出电压为输入电压 U_i 与 L 产生的电压之和，故提高了输入电压。该电路称为升压斩波电路或 Boost 变换器，输出电压 $U_o=U_i/(1-D)$，D 是占空比，值必须小于 1。

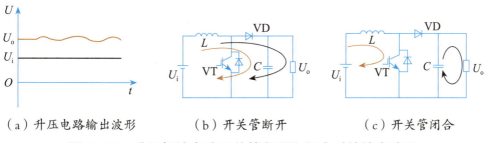

（a）升压电路输出波形　　（b）开关管断开　　（c）开关管闭合

图 1-32 升压斩波电路开关管断开和闭合时的输出波形

（四）升降压斩波电路

1. 升降压斩波电路的结构

Boost 型升降压变换器的特点是输出电压可以低于电源电压，也可以高于电源电压，其是将降压斩波电路和升压斩波电路结合的一种直接转换电路。主要由功率开关、二极管、储能电感、输出滤波电容等组成。

2. 升降压斩波电路的工作原理

开关 VT 导通时（图 1-33（b）），电流（$I_T=I_L$）由电源 U_i 流经 VT 和 L，电流上升，电感 L 储能。

如果电感中的电流是连续的,则电流从VT导通时的I_{01}开始上升(图1-34(b));如果电感中的电流是断续的,电感中的电流则从0开始上升(图1-35(b))。开关VT导通时,二极管VD受反向电压关断,负载R由电容C提供电流。开关关断时(图1-33(c)),电感中的电流I_L从VT关断时的I_{02}开始下降,并经C、R的并联电路和二极管VD流通,电感L释放储能,电容储能。电感中的电流I_L能否连续,取决于电感的储能,如果在开关VT导通时,电感储能不足,I_{02}不够大,不能延续到下次VT导通,电感中的电流就是断续(图1-35(b))的;如果电感和电容的储能足够大,或者尽管电感储能不足,但是电容储能足够大,则电感中的电流是连续的(图1-34(b))。

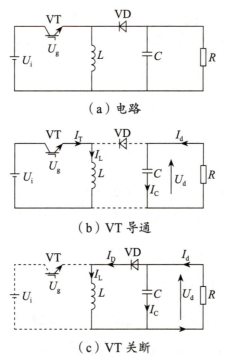

图1-33 升降压斩波电路和工作状态

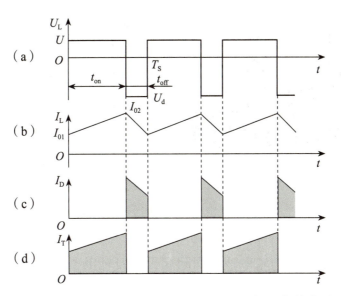

图 1-34 升降压斩波电路的工作状态和波形(电感中的电流连续)

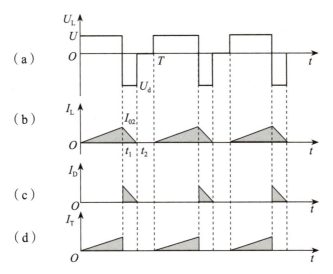

图 1-35 升降压斩波电路的工作状态和波形(电感中的电流断续)

(五)DC/DC 转换电路的应用

直流驱动电机功率小于 5 kW 的纯电动观光车(图 1-36)、巡逻车、清扫车等的动力蓄电池组直接通过 DC/DC 变换器,为小型电动车辆的直流驱动电机提供直流电流。

图 1-36 观光车

在纯电动汽车、"电－电"耦合电力汽车（自行发电电动汽车、燃料电池汽车）上，在能量混合型电力系统中，采用升压型 DC/DC 变换器；在功率混合型电力系统中，采用双向升降压型 DC/DC 变换器，或全桥型 DC/DC 变换器。车辆在滑行或下坡制动时，驱动电机发电运行产生的电能也通过双向升降压型 DC/DC 变换器向储能电源充电。

电动汽车上的动力蓄电池组向附属设备及辅助蓄电池充电时，采用隔离式降压型 DC/DC 变换器。

四、DC/AC 转换电路

DC/AC 变换器又称逆变器（其框图如图 1-37 所示），是应用电力电子器件将直流电转换成交流电的一种变流装置，供交流负载用电或向交流电网并网发电。随着石油煤炭和天然气等传统能源的日益减少，新能源的开发和利用越来越受到重视，逆变器有了更广泛的应用。逆变技术可以将通过蓄电池、太阳能电池和燃料电池等新能源技术获得的电能转换成交流电以满足人们对电能的需求，因此逆变技术对于新能源的开发和利用起着重要的作用。

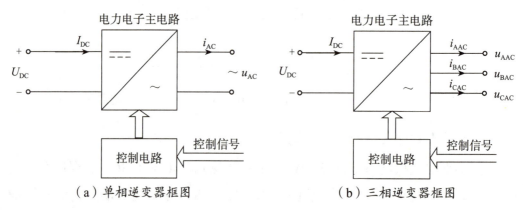

(a) 单相逆变器框图　　　　(b) 三相逆变器框图

图 1-37 逆变器框图

1. 逆变

逆变是指把直流电变成交流电。当交流侧接在电网上，即交流侧接有电源时称为有源逆变；当交流侧直接和负载连接时称为无源逆变。逆变电路的应用非常广泛，在已有的各种电源中，蓄电池、干电池、太阳能电池等都是直流电源，当需要这些电源向交流负载供电时，就需要逆变电路。交流电机调速用变频器、不间断电源、感应加热电源等电力电子装置使用非常广泛，其电路的核心部分都是逆变电路。它的基本作用是在电路的控制下将中间直流电路输出的直流电源转换为频率和电压都任意可调的交流电源。

2. 逆变电路的原理

以图1-38（a）中的单向桥式逆变器主电路（逆变电路）为例说明逆变原理。图中$S_1 \sim S_4$是单相桥式电路4个臂上的开关，并假设$S_1 \sim S_4$均为理想开关。当S_1、S_4闭合，S_2、S_3断开时，负载电压u_o为正；当S_1、S_4断开，S_2、S_3闭合时，u_o为负，直流电变成交流电。改变两组开关，就可改变输出交流电频率，这就是逆变的最基本原理。电阻负载时，负载电流i_o和u_o的波形相同，相位也相同。电感负载时，i_o的基波相位滞后于u_o的基波，两者波形也不同，图1-38（b）给出的就是电感负载时的i_o波形。如果$S_1 \sim S_4$由实际的电力电子开关器件所组成，且辅助元件（R、L、C）也是非理想的，则逆变过程要复杂很多。

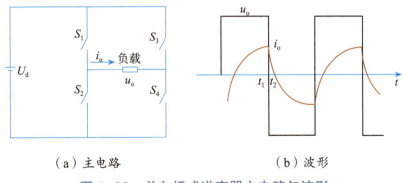

（a）主电路　　　　　　（b）波形

图1-38　单向桥式逆变器主电路与波形

3. 逆变器的种类

为了满足不同用电设备对交流电源性能参数的不同要求，发展了多种逆变电路，并大致可按以下方式分类。

（1）按输出电能的去向可分为有源逆变电路和无源逆变电路。前者输出的电能返回公共交流电网，后者输出的电能直接输向用电设备。

（2）按电流波形可分为正弦逆变电路和非正弦逆变电路。前者开关器件中的电流为正弦波，开关损耗较小，宜用于较高频率。后者开关器件中的电流为非正弦波，开关损耗较大，故工作频率较正弦逆变电路低。

（3）按输出相数可分为单相逆变电路和三相逆变电路。

（4）按直流电源性质可分为由电压型直流电源供电的电压型逆变电路和由电流型直流电源供电的电流型逆变电路。

拓展延伸

功率器件是汽车电动化的关键技术

按照《新能源汽车产业发展规划（2021—2035年）》，在2025年新能源汽车新车销售量达到汽车新车总销售量的20%左右。同时，该规划指出要深化"三纵三横"研发布局："三纵"即纯电动汽车、插电式混合动力（含增程式）汽车、燃料电池汽车；"三横"为动力电池与管理系统、驱动电机与电力电子、网联化与智能化技术。

需要指出的是，功率器件是汽车电动化的关键技术，主要用于主电控、DC/DC变换器、车载充电器、充电桩及汽车空调控制系统、PTC加热控制器等。

任务 1.1　新能源汽车驱动电机电学基础认知任务工单

学生姓名		班级		学号	
实训场地		学时		日期	
任务	（1）测量动力蓄电池直流母线输出电压值，并作图。 （2）实测 DC/DC 模块输出的电压值。 （3）在吉利帝豪 EV450 实车上找出动力蓄电池到驱动电机之间的电路。				
实训设备	（1）防护装备：防护用品一套（工作服、绝缘劳保鞋、护目镜、绝缘头盔、绝缘手套）。 （2）车辆、台架、总成：吉利帝豪 EV450 或其他纯电动汽车。 （3）辅助材料：高压电维修警示牌和设备、绝缘地胶、二氧化碳类型灭火器、清洁剂。				
任务要求	本操作任务主要是熟悉 AC/DC 转换电路、DC/DC 转换电路和 DC/AC 转换电路。				
相关信息	根据教材中的信息，完成以下内容。 （1）简述 AC/DC 转换电路。 （2）简述 DC/DC 转换电路。 （3）简述 DC/AC 转换电路。				

计划与决策	请根据任务要求，确定所需要的场地和物品，并对小组成员进行合理分工，制订详细的工作计划。 一、人员分工 小组编号：　　　　组长： 小组成员： 我的任务： 二、准备场地及物品 检查并记录完成任务需要的场地、设备、工具及材料。 1. 场地 检查工作场地是否清洁及存在安全隐患，如不正常，请汇报老师并及时处理。 记录： 2. 车辆、充电桩、总成、工件 车辆： 充电桩： 其他： 3. 设备、工具及材料 防护装备： 设备及工具： 4. 安全要求及注意事项 （1）实训汽车停在实训工位上，没有经过老师批准不准启动，经老师批准后启动，首先应检查车轮的安全顶块是否放好，手制动是否拉好，排挡杆是否放在P挡（A/T），车前有没有人。 （2）禁止触碰任何带有安全警示标识的部件。 （3）实训期间禁止嬉戏打闹。 三、制订工作方案 根据任务，小组进行讨论，确定工作方案（流程/工序），并做好记录。

实施与检查	根据制订的计划实施，完成以下任务并记录。 （1）在实车或实训台架上测量动力蓄电池直流母线输出电压值，并画出电压（u）与时间（t）的关系图。 操作记录： （2）在实车或实训台架上测量 DC/DC 模块输出的电压值，并阐述 DC/DC 模块应用的电学基础知识。 操作记录： （3）在吉利帝豪 EV450 实车上找出从动力蓄电池到驱动电机之间的电路，并画出其电路简图，解释其中用到了哪些电学基础知识。 操作记录：
评估	根据任务完成情况，学生自我评分，教师或指定组长在过程巡视/验收检查时，发现问题直接扣分。 | 评估项目（分值）	自我评估	小组评估	教师评估
---	---	---	---
相关信息（5）			
决策与计划（5）			
实施与检查（10）			
合计（20）			
总评				

任务1.2　新能源汽车驱动电机基础知识认知

学习目标

（1）能够正确描述驱动电机的主要性能参数。

（2）能够正确描述电动汽车对驱动电机的特性要求及选择依据。

（3）能够正确识别驱动电机的典型结构。

（4）培养爱岗敬业、团队协作的意识和一专多能的职业素养。

（5）能够耐心倾听客户需要，并能有效地与相关工作人员和客户进行沟通、交流，做好专业解释。

知识储备

扫一扫

比较不同车型的外观

新能源汽车由驱动电机驱动，驱动电机是新能源汽车的核心部件。要使新能源汽车具有良好的使用性能，驱动电机应具有较宽的调速范围及较高的转速、足够大的启动转矩，还要具有体积小、质量小、效率高、动态制动性强和可以能量回馈的特点。

驱动电机驱动与发动机驱动相比具有两大技术优势：

（1）发动机要产生高效转矩，需将发动机的转速限制在一个较窄的范围内，为此需通过庞大而复杂的变速机构来适应这一特性，而驱动电机可以在相当宽广的速度范围内高效地产生转矩。

（2）驱动电机实现转矩的快速响应速度指标要比发动机高出两个数量级。驱动电机具有高精度的位置、速度和力矩控制能力，以及快速的响应速度。这使得车辆能够迅速启动、加速和制动，提升了驾驶的舒适性和便捷性。

一、新能源汽车驱动电机的基本知识

（一）驱动电机的性能参数

（1）转矩：驱动电机得以旋转的力矩，单位为 N·m。

（2）转矩系数：驱动电机所产生转矩的比例系数，一般表示每安培电枢电流所能产生的转矩大小。

（3）摩擦转矩：电刷、轴承、换向单元等因摩擦而引起的转矩损失。

（4）启动转矩：驱动电机启动时所产生的旋转阻力矩。

（5）转速：驱动电机旋转的速度，单位为 r/min，在国际单位制中为 rad/s。

（6）电枢电阻：电枢内部的电阻，在有刷驱动电机里一般包括电刷与换向器之间的接触电阻，由于电阻中流过电流时会发热，因此电枢电阻应尽量小些。

（7）电枢电感：因为电枢绕组是由金属线圈构成的，必然存在电感，从改善驱动电机运行性能的角度来说，电枢电感越小越好。

（8）转动惯性：具有质量的物体维持其固有运动状态的性质。

（9）反电动势系数：驱动电机旋转时，电枢绕组内部切割磁力线所感应的电动势相对于转速的比例系数，也称为发电系数或感应电动势系数。

（10）持续转矩：规定最大的、长期工作的转矩。

（11）持续功率：规定最大的、长期工作的功率。

（12）工作电压范围：能够正常工作的电压范围。

（13）转矩-转速特性：转矩特性是确定电压上升的曲线，转速特性一般是形容频率的曲线。

（14）峰值转矩：该驱动电机可以达到的并可以短时工作而不出现故障的最大转矩值。

（15）堵转转矩：当机械设备转速为零（堵转）时的转矩。

（16）最高工作转速：达到最高功率而呈现出来的最高转速。

（二）新能源汽车对驱动电机的特性要求

与传统工业驱动电机不同，新能源汽车的驱动电机通常要求能够频繁地启动/停车、加速/减速、低速/爬坡时要求驱动电机具有大转矩，高速行驶时要求驱动电机具有小转矩，并要求变速范围大。新能源汽车对驱动电机的要求可归纳如下。

（1）体积小、质量小。为了充分利用有限的车载空间，减小车辆质量，降低运行中的能量消耗，应尽量减小驱动电机的体积和质量。驱动电机可以采用铝合金外壳，各种控制装置和冷却系统等也要求尽可能轻量化和小型化。

（2）全速段高效运行，一次充电续航里程长，特别是在车辆频繁起停或变速运行的情况下，驱动电机应具有较高的效率。

（3）低速大转矩及宽范围的恒功率特性，即使没有变速器，驱动电机本身应能满足所需的转矩特性，以获得在启动、加速、行驶、减速、制动等各种运行工况下的功率和转矩要求。驱动电机应具有自动调速功能，可以减轻驾驶人的操作强度，提高驾驶的舒适度，并且能够达到与传统内燃机汽车同样的控制响应。

（4）高可靠性。在任何运行工况下驱动电机都应具有高可靠性，以确保车辆的行驶安全。

（5）高电压。在允许的范围内尽可能采用高电压，可以减小驱动电机的尺寸和控制器、导线等设备的尺寸，特别是可以降低逆变器的成本。

（6）安全性能高。蓄电池组、驱动电机等强电部件的工作电压能达到300 V以上，这对电气系统的安全性和控制系统的安全性提出了更高的要求，新能源汽车驱动电机必须符合相关车辆电气控制的安全性能标准和规定。

（7）高转速电机与低转速电机相比，高转速电机的体积和质量较小，有利于降低整车装备的质量。

（8）使用寿命长。为降低新能源汽车的使用成本，驱动电机的使用寿命应和车辆保持一致，真正实现节能环保的目标。同时驱动电机还要求具有好的耐温和耐潮性能、运行噪声低、结构简单、成本低、适合批量生产、使用维护方便等特点。

（三）新能源汽车驱动电机的选择依据

选择新能源汽车驱动电机的关键是驱动电机的机械特性。至今为止，新能源汽车采用的驱动电机主要包括直流电机、交流异步电机、永磁同步电机和开关磁阻电机。关于机械特性可以用转矩-转速特性和功率-转速特性曲线来表示，并可作为选择驱动电机的参考依据。

在选择新能源汽车的驱动电机时可以向电机生产厂家提出所需要的各种性能参数，以作为驱动电机设计的依据。实际上大多数情况下是新能源汽车制造商根据电机生产厂家提供的技术性能参数选择现成的驱动电机。可供电动汽车选用的驱动电机种类繁多，功率范围很广。

新能源汽车对于驱动电机的调速范围、可靠性、在恶劣环境下的工作能力等方面有比较高的要求。

1. 额定电压的选择

驱动电机电压的选择主要依据车辆总体参数的要求来决定，车辆的自重、动力蓄电池等相关参数确定后，才能确定驱动电机的电压、转速等参数。即当车辆自重确定后，动力蓄电池的个数就确定了，驱动电机的电压等级也随之确定。总体要求：尽可能提高电压等级，这样就可以使驱动电机在满足驱动要求的情况下，功率小一些，流过的电流也小一些，这样动力蓄电池的容量选择、安装空间、安装方式等就更容易处理。

2. 额定转速的选择

根据新能源汽车的速度、动力性能的要求，需要选择不同转速的驱动电机。

（1）低速电机。低速电机的转速为 3 000～6 000 r/min，扩大的恒功率区的低速电机额定转矩高、转子电流大、电机的尺寸和质量较大，且相应的转换器、控制器的尺寸也较大，各种电器的损耗较大，但减速器的速比较小。一般低速电机的转动惯量大、反应慢，不太适用于新能源汽车。

（2）中速电机。中速电机的转速为 6 000～10 000 r/min，它的各种参数介于低速电机和高速电机之间。通常新能源汽车多采用中速电机作为驱动电机。

（3）高速电机。高速电机的转速为 10 000～15 000 r/min，其减速器的速比大大增加，通常需要采用行星齿轮传动机构。高速电机的使用主要受电磁材料的性能、高速轴承的承载能力的限制。一般高速电机的转动惯性小、启动快、停止也快,新能源汽车也常采用高速电机作为驱动电机。

二、新能源汽车常见电机驱动系统

(一)新能源汽车常见电机驱动系统的功能

新能源汽车整个驱动系统包括电机驱动系统与其机械传动机构两个部分,如图1-39所示,电机驱动系统主要由驱动电机、功率转换器、控制器、各种检测传感器及电源等部分构成。

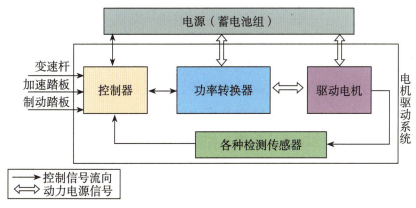

图1-39 电机驱动系统的组成

1. 车辆运行,电能转变为机械能

当驾驶人驱动新能源汽车处于行驶状态时,整车控制器接收驾驶人各种驱动指令,控制电机控制器工作,将从动力蓄电池经高压控制器输出的高压直流电逆变成电压、频率可调的三相交流电(DC/AC转换),供给驱动电机(三相交流永磁同步电机)使用。驱动电机输出的转矩经减速器总成(传动装置)驱动车轮,使汽车行驶,如图1-40所示。

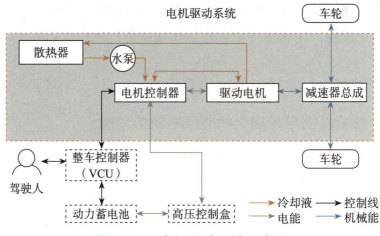

图 1-40　电机驱动系统示意图

2. 车辆减速、能量回收，机械能转为电能

当驾驶人控制车辆滑行或制动的时候，车轮的动能通过减速器总成附加在驱动电机上，此时驱动电机转变为发电机，将车辆部分的机械能转化为电能。与此同时，电机控制器接收整车控制器控制信号指令，将输入的三相交流电整流为直流电储存到动力蓄电池中，完成剩余能量回收。启用能量回收模式的条件：

（1）挡位置于 D 位时，松开加速踏板。

（2）挡位置于 D 位时，踩下制动踏板。

3. 电机驱动系统散热

电机驱动系统中的驱动电机和电机控制器在能量转换和传递的过程中会产生大量的热量，电机控制器强制循环冷却系统中的冷却液，将热量及时带走，使它们始终处于正常的温度范围，保证电机驱动系统的正常工作。

（二）新能源汽车常见电机驱动形式

与内燃机驱动的传统汽车相比，电机驱动的电动汽车可方便地布置电机驱动单元，既可以用一台驱动电机进行集中驱动，也可以将多台驱动电机分布于汽车的不同位置实现分布式驱动。

目前纯电动汽车驱动电机分为前轮驱动布置形式、后轮驱动布置形式、前－后轮驱动布置形式、轮毂电机驱动布置形式等。

1. 前轮驱动

驱动电机前置前轮驱动的纯电动汽车如图 1-41 所示,在驱动电机端盖的输出轴处加装减速电驱动形式齿轮和差速器组件等,这种机械机构的传动机构紧凑、传动效率高、便于安装,但对驱动电机的调速要求较高。这种布置形式最为常见,常见车型如比亚迪 e5、吉利帝豪 EV450 等。

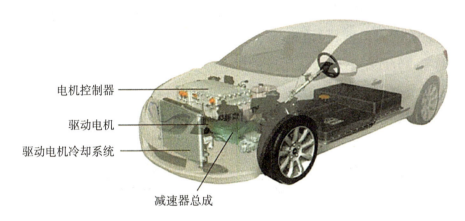

图 1-41　驱动电机前置前轮驱动的纯电动汽车

2. 后轮驱动

驱动电机直接安装于后轴上,动力直接作用到两个车轮上,中间并没有复杂的变速及传动机构,几乎没有任何损耗,保证了最高的能量转化率,前轴只起支撑和转向作用,增加了操控性能,结构简单。特斯拉 Model 3 后驱版车型如图 1-42 所示。

图 1-42　特斯拉 Model 3 后驱版车型

3. 前-后轮驱动

前-后轮驱动车型采用一前一后两个驱动电机，根据动力蓄电池容量和驱动电机功率的不同，分别驱动前轴和后轴，前驱+后驱的设计同时具备两者优点，可大大提升动力性能。如图1-43所示的特斯拉Model S采用前后双驱动电机，是一主一副、一强一弱的动力蓄电池双驱动电机，目前是前小后大，前驱动电机的功率不到后驱动电机的一半。加速过程的重量转移现象发生时，前轮给的力过大不但低效，还会使车轮打滑。后轮附着力大，应该把动力更多地分配给后轮。特斯拉针对这种现象，把后驱动电机作为主驱动电机，分配了更多的转矩，因此特斯拉Model S双驱动电机全驱车型的续驶里程高达528 km，百公里加速时间为3.0 s（狂暴模式）。

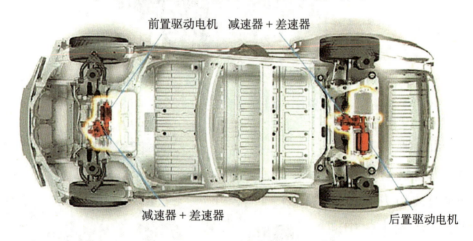

图1-43 特斯拉Model S双驱动电机全驱车型构造

4. 轮毂电机驱动

轮毂电机驱动形式是将驱动电机和减速机构直接放在轮辋中，取消了半轴、万向节、差速器、变速器等传动部件，并采用了能够提供较大减速比的固定速比行星齿轮，从而使得驱动电机与车轮匹配，再次降低了二级减速器所带来的机械损耗。轮边电机驱动形式和轮毂电机驱动形式都具有结构紧凑、车身内部空间利用率高、整车重心低、行驶稳定性好等优点。轮毂电机驱动如图1-44所示。

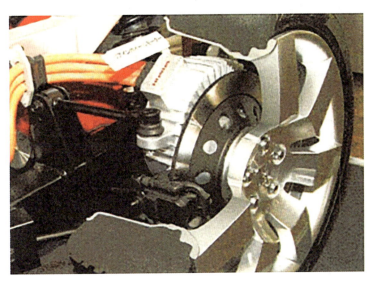

图 1-44 轮毂电机驱动

比亚迪 K9（图 1-45）城市公交使用的就是轮毂电机技术，与轮边电机技术相比，轮毂电机能够为客车的客舱内部提供更大的空间。

图 1-45 比亚迪 K9

但是轮毂电机对于环境的要求相比前面几种要苛刻许多，并且密封和散热也是轮毂电机的缺点。不过到目前为止以上的问题都得到了一定的解决，轮毂电机已经在市场上占有一席之地，并且成了市场的发展主流。

思考与讨论

"再说国产车不好，就是你 OUT 了"

网上一位 10 多年前买吉利自由舰的驾驶者说："这辆吉利自由舰性价比很高，作为中国人，驾驶一辆自主品牌的轿车感觉很给力、很不错。现在吉利汽车的高端车也很多，性价比很高，下一个计划是把旧吉利换掉，换一辆新的吉利轿车。祝福中国制造！祝福吉利！"

网上一位建筑工程师说："吉利的探索与创新，值得我们尊敬；吉利的社会责任感，是民营企业的楷模；吉利的自主品牌之路，挺起了我们民族的脊梁。吉利精神，丰富了我们民族的文化、奏响了民族伟大复兴之路的强音……"

请同学们查阅中国吉利、比亚迪、长城等国产汽车企业的发展历程，讲述我国新能源汽车产业中典型民族汽车企业的成长历程，并说出他们在我国汽车产业中做出的重大贡献。

项目 1　新能源汽车驱动电机概述

任务 1.2　新能源汽车驱动电机基础知识认知任务工单

学生姓名		班级		学号	
实训场地		学时		日期	
任务	能在新能源汽车上找到驱动电机的位置及读取相关参数。				
实训设备	（1）防护装备：防护用品一套（工作服、绝缘劳保鞋、护目镜、绝缘头盔、绝缘手套）。 （2）车辆、台架、总成：吉利帝豪 EV450 或其他纯电动汽车。 （3）专用工具、设备：拆装专用工具。 （4）手工工具：新能源汽车维修组合工具。 （5）辅助材料：高压电维修警示牌和设备、绝缘地胶、二氧化碳类型灭火器、清洁剂。				
任务要求	熟悉新能源汽车驱动电机的典型结构。				
相关信息	根据教材中的信息，完成以下内容。 （1）简述新能源汽车驱动电机的性能参数。 （2）简述新能源汽车驱动电机的选择依据。 （3）简述新能源汽车常见的电机驱动形式。				

计划与决策	请根据任务要求，确定所需要的场地和物品，并对小组成员进行合理分工，制订详细的工作计划。 一、人员分工 小组编号：　　　　　组长： 小组成员： 我的任务： 二、准备场地及物品 检查并记录完成任务需要的场地、设备、工具及材料。 1. 场地 检查工作场地是否清洁及存在安全隐患，如不正常，请汇报老师并及时处理。 记录： 2. 车辆、充电桩、总成、工件 车辆： 充电桩： 其他： 3. 设备、工具及材料 防护装备： 设备及工具： 4. 安全要求及注意事项 （1）实训汽车停在实训工位上，没有经过老师批准不准启动，经老师批准启动后，首先应检查车轮的安全顶块是否放好，手制动是否拉好，排挡杆是否放在P挡（A/T），车前有没有人。 （2）禁止触碰任何带有安全警示标识的部件。 （3）实训期间禁止嬉戏打闹。 三、制订工作方案 根据任务，小组进行讨论，确定工作方案（流程/工序），并做好记录。

实施与检查	根据制定的计划实施，完成以下任务并记录。 （1）请在吉利帝豪 EV450 实车上找到驱动电机的位置，并记录驱动电机铭牌信息。 操作记录： （2）在实车上观察吉利帝豪 EV450 车型的动力驱动系统，判断是哪一种驱动形式。 操作记录： （3）根据新能源汽车选择驱动电机的依据，对比分析吉利帝豪 EV450、比亚迪 e5、特斯拉 Model S 的驱动电机参数。 操作记录：
评估	根据任务完成情况，学生自我评分，教师或指定组长在过程巡视/验收检查时，发现问题直接扣分。 | 评估项目（分值）	自我评估	小组评估	教师评估
---	---	---	---
相关信息（5）			
决策与计划（5）			
实施与检查（10）			
合计（20）			
总评				

项目 2

驱动电机结构原理与检修

驱动电机对于新能源汽车来说就像人的心脏一样重要，它负责给整车提供驱动的动力，是新能源汽车驱动系统的核心部件之一。通过本项目的学习，应能准确掌握常用驱动电机的组成及工作原理；能针对驱动电机常见故障进行诊断与排除。

项目 2　驱动电机结构原理与检修

任务 2.1　驱动电机认知

学习目标

（1）掌握驱动电机的主要类型及应用。
（2）了解驱动电机的性能要求。
（3）能够区别不同类型驱动电机的生产企业。
（4）能够识别出主流驱动电机的类型。
（5）提升人文素养，培养认真学习、不断探索的精神。

知识储备

一、驱动电机概况

（一）驱动电机的定义和组件

驱动电机是将电能转换成机械能为车辆行驶提供驱动力，或将机械能转化成电能的装置，它具有能做相对运动的部件，是一种依靠电磁感应而运行的电气装置。电动发电机（通常被简称为电机）有如此称谓是因为它既作为电动机工作（由新能源汽车的动力电池组供能），也作为发电机工作（产生电流，为汽车的电池组充电）。虽然电机的种类有很多，但是绝大多数混合动力汽车和纯电动汽车使用的是永磁电机，其效率高达 98%。有些混合动力汽车和纯电动汽车也使用感应电机。基本所有的量产混合动力汽车和纯电动汽车使用的都是三相电机，这三个相位分别为 U、V 和 W。这三个线圈的连接通常命名为 U_1、U_2、V_1、V_2 和 W_1、W_2。由于存在相位差，三相电机不需要交流电机所需的辅助相。围绕定子作用的旋转场使转子持续旋转，这意味着转速取决于极数和频率。

　　一台典型电机的固定部件被称为定子，由定子绕组和定子铁心组成。定子绕组由绝缘铜线绕制而成。每组的铜线线圈组成定子绕组的一个相。定子绕组三个相的线圈都联结汇聚于同一点，称作中性点。因为这种类型的接法看上去与字母 Y 相似，所以此连接方式被称作星形联结或 Y 形联结。每一相位的活动端口被称为相端。三相绕组的每一相端通常都会固定在绝缘的接线板上，并且通过电机电缆与汽车的变频器相连，这便是三相电缆。接线板负责支撑相端和电机电缆的连接。定子铁心由薄钢板组装而成，用于支撑定子绕组。定子铁心还能加强定子绕组和转子之间的磁场。线圈能穿过定子铁心中的相应插槽。这部分用于定子绕组中线圈的插槽被称为定子齿。

　　一台典型电机的另一主要部分为转子，是电机中转动的部分。它由轴承支撑着，在定子中转动，与定子之间只有很小的气隙。磁场通过定子齿形成，并穿过定子和转子。

　　转子的构造因发电机的类型不同（如永磁电转子轴承机或感应电机）而不同。一台典型电机的结构如图 2-1 所示。

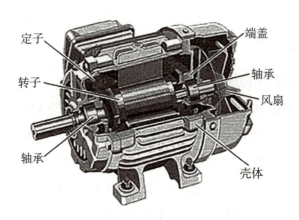

图 2-1　典型电机的结构

（二）驱动电机的分类

　　电机在工业中的应用非常广泛，功率覆盖范围宽，种类也很多。但新能源汽车在功率、转矩、体积、质量、散热等方面对驱动电机有更高的要求，因此，相比工业电机，新能源汽车驱动电机必须具备更优良的性能，如：体积小,以适应车辆有限的内部空间;工作温度范围宽(-40～105℃),以适应不稳定的工作环境;高可靠性,以保证车辆和乘员的安全;高功率密度,以提供良好的加速性能(1.0～1.5 kW/kg)等。驱动电机的种类相对较少,功率覆盖也相对较窄,产品相对集中。

所有电机都由固定的定子和在定子内部旋转的转子组成。转子的旋转运动由转子和定子上的磁场(它们结合产生转矩)之间的交互作用产生。线圈集成在定子、转子或同时集成在两者内,具体取决于电机类型。如图 2-2 所示,转子周围的磁场由永久磁铁产生,这使得整个系统的设计要简单许多。

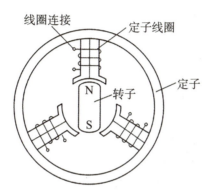

图 2-2　三相电机示结构意图

目前,应用于新能源汽车的驱动电机主要包括直流电机、交流电机和开关磁阻电机三类,其中在乘用车、商用车领域应用较为广泛的电机包括直流(无刷)电机、交流感应(异步)电机、永磁同步电机、开关磁阻电机等。其他特殊类型的驱动电机包括轮毂/轮边电机、混合励磁电机、多相电机、双机械端口能量变换器(Dmp-EVT),目前市场化应用较少,是否能够大规模推广需要更长时间的车型验证。

1. 直流电机

良好的启动和控制特性是直流电机的典型特征。转子转速直接取决于电源电压的范围,因此极易调节。

直流电机的典型设计包括定子的永久磁铁,而工作电压则通过电刷提供给转子线圈。电机打开时,转子将旋转,直至转子磁场与定子磁场对齐。为了使转子一直旋转,必须通过换向器更改转子内磁场的极性并进而更改磁场方向。每旋转180°就改变一次极性，以确保转子一直旋转。在二极和四极电机上，运行过程中会产生很大的不平衡，因此实际上所需的极数要多得多。换向器可产生正确的极性，这样转子便可一直旋转。

直流电机控制器一般采用晶闸管脉宽调制方式（PWM），控制性能好，调速平滑度高，控制简单，技术成熟，且成本较低。直流电机的缺点是需要独立的电刷和换向器，导致速度提升受限；电刷易损耗，维护成本较高。

直流电机多用于早期的电动汽车驱动系统，实际的设计要复杂得多。例如，为了改变旋转方向或操作发电机，电源电子装置必须确保对转子和定子线圈的各种切换。即使车辆中高压蓄电池的直流电流无法转换为交流电流或三相电流，仍必须调整电压以获得不同的转速和转矩。而且，在驾驶模式中还会遇到由电刷和滑环的磨损和摩擦造成的其他问题。正因为这些原因，目前新研制的车型已经基本不再采用直流电机。

2. 交流感应（异步）电机

从结构上看，感应电机定子的结构与永磁电机定子的大体相同；然而，感应电机的转子与永磁电机的转子则完全不同。

大多数的感应电机使用笼形转子。这种转子通常由铜棒或者铝棒制成。转子没有磁体，也不使用电刷或者滑环将电流从外部源传输至转子。实际上，定子绕组产生旋转磁场，使转子导体产生感应电流，感应电流使导体本身产生感应电磁场。

为完成这一工作，定子磁场必须比转子运行得更快。感应电机定子磁场和转子磁场并不相互同步，因此这类电机被称为异步电机。两种场的速度差异被称为转差（或滑差）。电机的转差由混合动力汽车和纯电动汽车的控制系统控制，以对转矩进行调整。

在定子绕组中输入三相交流电，定子绕组中的励磁电流在定子铁心中产生旋转磁场，此时转子绕组中有感应电流通过并推动转子做旋转运动。当转子带有机械负载时，转子电流增加，由于电磁感应作用，定子绕组中的励磁电流也增加。交流异步电机控制器采用脉宽调制（PWM）方式实现高压直流到三相交流的电源变换，采用变频器实现电机调速，采用矢量控制或直接转矩控制实现转矩控制的快速响应，满足负载变化特性的要求。

感应电机的优点在于结构简单,定子和转子无直接接触,运行可靠性强,转速高,维护成本低。它的不足之处在于能耗高,转子发热快,高速工况下需要额外的冷却系统;功率因数低,需要大容量的变频器,造价较高,调速性较差。目前,交流异步电机主要用于空间要求较低且速度性能要求不高的电动客车、物流车等商用车型。

由于需要少量的电力用于产生转子磁场,感应电机的效率略低于永磁电机。但是由于不需要使用永磁体,感应电机的成本不如永磁电机高。使用感应电机的混合动力汽车和纯电动汽车有以下实例:

① 2012—2013 别克君越 eAssist(并联混合启动电机)。
② 2012—2013 雪佛兰迈锐宝 eAssist(并联混合启动电机)。
③ 特斯拉敞篷车和 Model S 纯电动汽车(牵引电机)。

3. 永磁电机

随着 1980 年钕铁硼永磁材料的出现及电力电子技术的发展,永磁电机在工业、民用领域得到推广,包括永磁同步电机(正弦波)和永磁无刷直流电机(方波)两大类,其转子均由永磁材料制成,定子采用三相绕组,输入调制方波产生旋转磁场带动永磁转子转动。永磁同步电机的优点在于其较大的转矩和驱动效率,具有高功率密度和宽调速范围,且没有励磁损耗和散热问题,电机结构简单,体积比同功率的异步电机小 15% 以上;其缺点在于高速运行时控制复杂,永磁体退磁问题目前难以解决,电机造价较高。

永磁电机的转子中使用了高强度的永磁体作为材料。永磁体可能被嵌在转子表面(覆在转子的外层)或者是包裹在铁转子的内部。后者被称作内置式转子,并且在混合动力汽车和纯电动汽车中的使用比前者更常见。

每一个转子磁体都经过磁位调整,使它们的两极中的一个极点统一朝外指向定子绕组。这样,这些磁体的两极极性围绕着转子交替变换:北,南,北,南……不需要任何电能就能维持转子的永久磁场。当混合动力汽车和纯电动汽车的变频器在汽车的定子绕组中产生电流,使电机运行时,电流会在定子绕组中产生电磁场。每个绕组磁场的极性(朝内面向电机转子),取决于绕组的绕向。

在星形接法的定子绕组里,每个相位的线圈互相交替缠绕:一组顺时针方向,下一组逆时针方向,再顺时针方向……以此类推。因此,通过定子绕组的电流将会产生交替的电磁场并与转子磁场相吸。这些磁场从定子延伸至转子,随着定子磁场旋转,向转子施加转矩。定子磁场的旋转由交流电引起,转子的转速与定子磁场的转速相同,而这两个组件被认为是同步的,这样的电机被称为同步电机。

目前,永磁同步电机主要应用于体积小,且速度、操控性能要求较高的电动乘用车领域,部分中小型客车亦开始尝试使用永磁电机作为驱动源。永磁无刷直流电机则一般在日本和中国的小功率新能源汽车、低速电动车领域应用较为广泛。

4. 开关磁阻电机

开关磁阻电机的定子和转子铁心均由硅钢片叠压而成,利用冲片上的齿槽构成双凸极结构,定子产生扭曲磁场,利用"磁阻最小原理"驱动转子运动。开关磁阻电机结构和控制简单、出力大、可靠性高、成本低、启动制动性能好、运行效率高,但电机噪声高、转矩脉动严重、非线性严重,用于电动汽车驱动有利有弊,目前在电动汽车中应用较少。

扫一扫

永磁同步电机的故障诊断

不同的驱动电机,其特性也不尽相同,见表 2-1、表 2-2。

表 2-1 不同电机的特性比较

性能	电机			
	直流电机	永磁同步电机	异步电机	开关磁阻电机
最大效率(%)	85~89	95~97	94~95	<90
10% 负载效率(%)	80~87	90~92	79~85	78~86
最高转速/(r/min)	4000~6000	4000~10 000	9000~15 000	15 000
电机费用/(美元/W)	10	10~15	8~12	6~10
坚固性	良	良	优	良
信赖性	普通	良	优	良

表 2-2　永磁同步电机与异步电机的特性比较

项目	永磁同步电机	异步电机
适应容量	10 W ～ 100 kW	100 W 以上
尺寸、重量	小	中～小
结构	简单	简单
环境适应性	好	好
维护	需要	不要
生产性	好	非常好
位置传感器	需要	不要
速度传感器	不要	需要
寿命	轴寿命	轴寿命
弱磁高速	困难	可能
回馈制动	容易	可以
永久失磁	有	无
温度特性	无	有
控制器	控制一台	控制多台

目前，新能源汽车所使用的电机以交流感应电机和永磁同步电机为主。其中，日韩车系多采用永磁电机，转速区间和效率相对都较高，但是需要使用昂贵的系统永磁材料钕铁硼；欧美车系则多采用交流感应电机，主要是因为稀土资源匮乏及电机成本较低，其劣势则主要是转速区间小，效率低，需要性能更高的调速器以匹配性能。特斯拉公司在其车型 Model S 和 Model X 上采用的均是自行设计的交流感应电机。我国稀土资源丰富，因此电动乘用车多采用功率性能高、体积较小的永磁同步电机。

二、新能源汽车驱动电机性能要求

（一）技术参数

1. 电机的运转

在电机运行期间，混合动力汽车或纯电力汽车的变频器往往通过使用脉宽调制（PWM）或其他调节方法产生三相交流电，并在电机的定子绕组中创造一个转动的电磁场。定子的电磁场会与电动机转子中的磁场（若是永磁电机)或电磁场(若是感应电机)相互作用,使转子转动。

启动直流有刷电机,它使用电刷进行整流以保证定子励磁线圈与旋转电枢如预期的一样相互作用。而交流电机内则没有电刷,相反,交流电机通过变频器来进行整流,以校正定子绕组的电磁场与转子的位置。

为了计算转子的相对位置,混合动力汽车和纯电动汽车需要使用绝对位置传感器提供的信息:这是一个不论转子位置或速度如何,都能测定转子位置的传感器。最常用的绝对位置传感器是旋转变压器。变频器还能随需求来停止、开启、保持或翻转旋转磁场。

2. 电机转速和转矩

当电机作为电动机运行(正转)时,它的转速由变频器供给的交流电频率所决定,如图 2-3 所示。电动机产生的转矩大小与带动形成转矩的电流大小成大致比例。

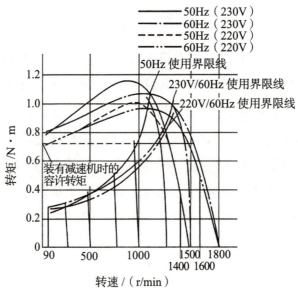

图 2-3 电机转速和转矩的关系

3. 发电机的运转

为产生电流发电,需有外部机械力使电机的转子转动。这一外力可来自混合动力汽车和纯电动汽车转动的车轮(如在再生制动的时候),或者来自混合动力汽车内部的内燃机，通常表现为电机反转。

转动的转子能在电机定子绕组内形成感应电磁场，继而在定子绕组内产生感应交流电，为汽车的电池组充电，或驱动第二电动机（MG2）运转。

4. 反电动势

因为电磁感应，任何时候（包括作为电动机运行时），交流电机的转子都会在定子绕组中产生感应电压。这一电压被称为反电动势（back EMF），与电机作为发电机运行时变频器产生的电压相反。

随着电机转速提升，转子在定子绕组中的旋转速度加快，反电动势自然升高。为了转动发动机并且在给定的转速下产生相应转矩，混合动力和纯电动汽车的变频器在相同的转速（r/min）下须产生比电机的反电动势更高的电压。

一些混合动力汽车和纯电动汽车变频器中使用的升压转换器，能将汽车动力电池包提供的电压提高 2～3 倍，以克服电机的反电动势并提高最大运转速度。还有另一种称为"磁场削弱"的电机控制方式，在电机高速运转时，以减少转矩输出为代价，使速度最大化，减弱反电动势。旋转变压器使用励磁绕组的磁场使正弦绕组及余弦绕组产生不同的感应电压。正弦绕组的感应电压输出与余弦绕组的感应电压输出相互协调，用于判定转子位置和速度，如图 2-4 所示。

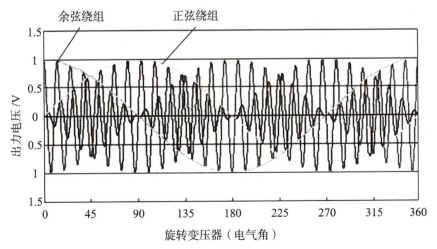

图 2-4　旋转变压器正弦绕组（sin）与余弦绕组（cos）感应电压的相对位置

（二）主要性能要求

1. 对动力驱动系统的要求

（1）启动力矩大和过载能力强，不仅要满足汽车带负载频繁起步要求，同时在加速和上坡时，系统应有一定的短时过载能力。

（2）电机的峰值电流要小于蓄电池最大放电允许电流以免损坏电池。普通电动机启动电流较大，需设法改善电机的启动特性。

（3）调速范围宽，在高、低速各工况均能高效运行，电机需有较宽调速范围，并保持理想调速特性。通常电机在所设计额定功率及其转速附近运行效率较高，而远离额定点运行效率必降低，为此提出了多级额定转速设计，以减化机械传动而减少其摩擦损耗和车载质量。

（4）电机能够正反转运行，使汽车倒车时不必切换齿轮来实现倒挡。

（5）方便、高效地实现发电回馈，使汽车降速制动和下坡滑行时经过电机，将更多动能转换为电能回馈给蓄电池来提高续驶里程。

（6）设法使电机同时具有电磁制动功能。因电磁制动的动态响应极快，可及时准确地对前、后、左、右车轮制动力适宜分配，提高汽车安全性。

（7）调速响应快。提高电机动态响应性可改善行驶中的各项控制性能。

（8）运行平稳及可靠性高。利用其故障容错性等，确保电动汽车故障时仍能"跛脚回家"，以避免交通堵塞。

2. 对驱动电机自身的要求

（1）高电压。主要优点是可以减小电机的尺寸、降低逆变器的成本及提高能量转换效率等。提高电机电压的典型例子是丰田公司的THS-Ⅱ混合动力系统。该系统电机采用的电压由THS系统的201.6 V提高到650 V，在电机尺寸和质量变化不大的前提下，使电机的功率、转矩和转速范围扩大。

（2）高转速。在产品技术文件规定的负载下，电机应能达到产品技术文件规定的最高工作转速限值。现代电动汽车的电机转速可达8000～12 000 r/min，甚至更高（图2-5）。

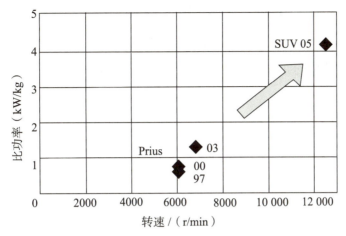

图 2-5　电机比功率和转速的关系

（3）转矩密度和功率密度大、质量轻、体积小。转矩密度、功率密度分别是指最大转矩体积比和最大功率体积比。采用铝合金外壳可以降低电机的质量；各种控制装置和冷却系统的材料也应尽可能选用轻质材料。从图 2-6 可以看出，SUV 的转矩质量比与 Prius（丰田普锐斯）相比增加了 9%。

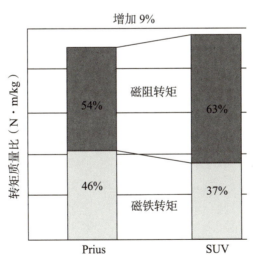

图 2-6　电动机的转矩质量比的比较

（4）具有较大的启动转矩和较宽范围的调速性能。为满足启动、加速、行驶、减速、制动等所需的功率与转矩，驱动电机应具有较大的启动转矩和较宽范围的调速性能；应具有自动调速功能，减轻操纵强度，提高舒适性，达到内燃机汽车同样的控制响应；电机的转矩特性是小于基速时为恒转矩，随着车速（电机转速）的升高转矩逐渐降低。

（5）较大的过载能力。电动汽车的驱动电机一般需要有 4～5 倍的过载能力，以满足短时加速行驶与最大爬坡度的要求，而工业驱动电机只要求有 2 倍的过载。

（6）高效率。在额定电压下，电机、控制器、电机系统的最高效率应符合产品技术文件规定。在额定电压下，电机、电机系统的高效工作区（效率不低于 80%）占总工作区的百分比应符合产品技术文件规定。

（7）可兼作发电机使用。新能源汽车结构的不同，有的混合动力汽车既有电动机，又有发电机。例如丰田 Prius，由于采用了混联式结构，电动机和发电机二者兼有，并且通过行星齿轮机构耦合在一起。

为减少汽车的自重和节省空间，绝大部分混合动力汽车的电动机均可兼作发电机使用，以回收汽车制动和减速时的能量。

项目 2 驱动电机结构原理与检修 61

任务 2.1 驱动电机认知任务工单

学生姓名		班级		学号	
实训场地		学时		日期	
任务	认识当前主流驱动电机的类型。				
实训设备	（1）防护装备：防护用品一套（工作服、绝缘劳保鞋、护目镜、绝缘头盔、绝缘手套）。 （2）辅助材料：高压电维修警示牌和设备、绝缘地胶、二氧化碳类型灭火器、清洁剂。				
任务要求	熟悉驱动电机性能要求。				
相关信息	根据教材中的信息，完成以下内容。 （1）简述新能源汽车上采用的驱动电机的类型。 （2）简述新能源汽车驱动电机的性能要求。				

计划与决策	请根据任务要求，确定所需要的场地和物品，并对小组成员进行合理分工，制订详细的工作计划。 一、人员分工 小组编号：　　　　　组长： 小组成员： 我的任务： 二、准备场地及物品 检查并记录完成任务需要的场地、设备、工具及材料。 1. 场地 检查工作场地是否清洁及存在安全隐患，如不正常，请汇报老师并及时处理。 记录： 2. 车辆、充电桩、总成、工件 车辆： 充电桩： 其他： 3. 设备、工具及材料 防护装备： 设备及工具： 4. 安全要求及注意事项 （1）实训汽车停在实训工位上，没有经过老师批准不准启动，经老师批准后启动，首先应检查车轮的安全顶块是否放好，手制动是否拉好，排挡杆是否放在 P 挡（A/T），车前有没有人。 （2）禁止触碰任何带有安全警示标识的部件。 （3）实训期间禁止嬉戏打闹。 三、制订工作方案 根据任务，小组进行讨论，确定工作方案（流程/工序），并做好记录。

项目 2　驱动电机结构原理与检修

实施与检查	根据制订的计划实施，完成以下任务并记录。 在吉利帝豪 EV450 上解释电机的性能参数。 操作记录：
评估	根据任务完成情况，学生自我评分，教师或指定组长在过程巡视/验收检查时，发现问题时直接扣分。 | 评估项目（分值）	自我评估	小组评估	教师评估
---	---	---	---
相关信息（5）			
决策与计划（5）			
实施与检查（10）			
合计（20）			
总评				

任务 2.2　驱动电机结构原理认知

学习目标

（1）掌握永磁同步驱动电机的结构组成。
（2）熟悉永磁同步驱动电机的工作原理。
（3）掌握三相异步电机的结构组成。
（4）熟悉三相异步电机的工作原理。

扫一扫

识别电机及控制系统的各组成部件

知识储备

本书只介绍目前主流的永磁同步驱动电机和三相异步电机的原理。

一、永磁同步驱动电机的结构组成

永磁同步驱动电机由定子绕组、定子铁心、转子铁心、旋转变压器、电源动力引出线、水冷系统、机壳等组成，其结构示意图如图 2-7 所示。

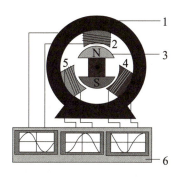

1—机壳；2—绕组 U；3—转子；4—绕组 V；5—绕组 W；6—三相电流的相位。

图 2-7　带有永久磁铁的同步电机的结构

(一)驱动电机的定子和转子

1. 定子和三相绕组

永磁同步电机的定子是由导磁的定子铁心和导电的定子绕组及固定铁心和绕组的一些部件组成的,这些部件是机座、铁心压板、绕组支架等。

为了能够产生旋转磁场,需要3个相对其中心轴旋转120°的绕组。通常这3个绕组被安装在三相交流电机的定子铁心上,如图2-8所示。

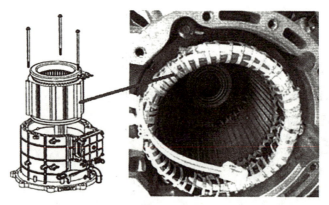

图2-8 比亚迪e5电机定子绕组

三相绕组以星形电路或三角形电路连接,如图2-9所示,根据需要选择使用哪种电路。各相绕组之间的相位差为120°。

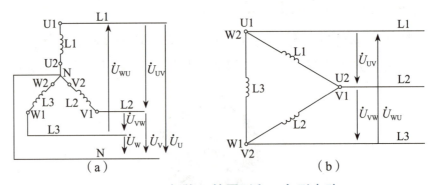

图2-9 三相绕组的星形和三角形电路

在星形电路中,U2、V2和W2支路在星形交叉点N处相互连接在一起。每个支路的起始点U1、V1和W1与星形电路的外部导体连接。在三角形电路中,三相绕组的头尾端依次连接。

外部导体 L1、L2 和 L3 在连接部位与用电器相连。通过绕组的相互连接在布线时三个相位 L1、L2 和 L3 仅需三条导线。比亚迪 e5 三相动力线束及接线座如图 2-9 所示。需要打开电机接线盒盖，才能将三相动力线束取出。

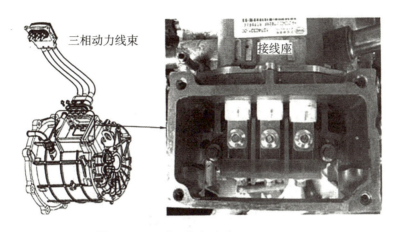

图 2-9　三相动力线束及接线座

三相交流同步电机可作为由三相电流驱动的电动机或产生三相电流的发电机使用。在发电站中，同步电机主要作为可以产生电能的发电机使用；在车辆中，同步电机也可作为发电机为用电器提供电能和为动力电池充电。如今在中等功率范围内很少使用同步电机，但是这一现象即将改变，因为混合动力车辆将会大量使用同步电机，图 2-10 为普锐斯混合动力车辆使用的同步电机内部结构。

图 2-10　丰田普锐斯混合动力系统的电机内部结构

2. 永磁式转子

通过永久磁铁（小型电机）或电磁铁（大型电机）在同步电机的转子中产生磁场。电磁铁转子需要安装滑动触点，相对较小的电流通过该触点流入转子绕组。

永磁同步的电机转子上有永久磁铁，有北极（转子）和南极，如图 2-11 所示。

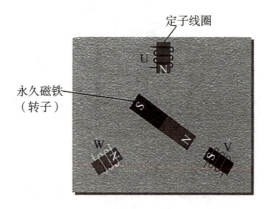

图 2-11 驱动电机内部结构示意图

永久磁铁转子因为定子线圈的吸引和排斥而旋转。图 2-12 为比亚迪 e5 驱动电机转子。有刷直流电动机依靠机械转向器，将直流电流转换成近似梯形波的交流电流。而无刷直流电机将变频器产生的方波交流电流直接输入电机定子绕组，省去了机械转向器和电刷。

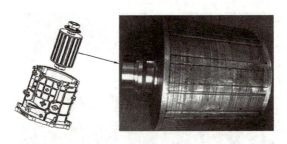

图 2-12 比亚迪 e5 驱动电机的转子

同步电机在新能源车辆中已广泛使用。因为借助永久磁铁转子不必使用其他外部能量就可以产生磁场，所以这种电机具有非常高的功率密度和效率（＞90%）。

（二）驱动电机的传感器

1. 温度传感器

为避免因温度过高而造成组件损坏，有很多电机使用负温度系数（NTC）传感器来监控电机定子绕组的温度。负温度系数传感器的电阻会随着温度的升高而降低。这种传感器通常被放置在绕组内部，但也可能被置于绕组外部或驱动桥润滑油中（混合动力汽车）。图 2-13 为比亚迪 e5 驱动电机温度传感器，它不直接测量转子温度，而是根据定子内的温度传感器测量值进行确定，其信号以模拟方式由电机控制器读取和分析。

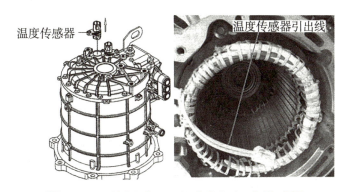

图 2-13　比亚迪 e5 驱动电机温度传感器

大多数电机的温度传感器并不耐用，需要随着汽车电机或驱动桥总成的更换进行置换。一些电机甚至没有温度传感器，在这种情况下，汽车控制系统则需要通过其他数据对电机的温度进行推断。

若电机的温度升高至临界值，混合动力汽车和纯电动汽车控制系统将会限制电机的最大输出并设置诊断故障码（DTC），并同时或仅在汽车仪表板上显示警告灯。

2. 旋转变压器

为了达到电机静止启动和全转速范围内转矩波动的控制目的，需要利用旋转变压器（可简称"旋变"，某些车型称为"轴角传感器"）精确地测量电机转子的磁极位置和速度。旋变是一种常用的伺服电机旋转编码器，与光电编码器相比，旋变抗振性能好，可以安装于恶劣的使用环境中，精度比光电编码器差一些。但绝大多数场合下，旋变的精度还是能满足要求的，是否需要抗振成了是否选择旋变的关键因素。旋变的本质是一个变压器，如图 2-14 所示。关键参数也与变压器类似，比如额定电压、额定频率、变压比。

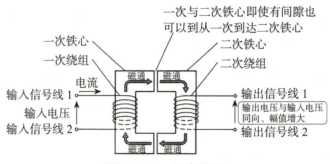

图 2-14 旋变原理

旋变与变压器的不同之处是，它的一次侧与二次侧不是固定安装的，而是有相对运动的。随着两者相对角度的变化，在输出侧就可以得到幅值变化的波形，如图 2-15 所示。

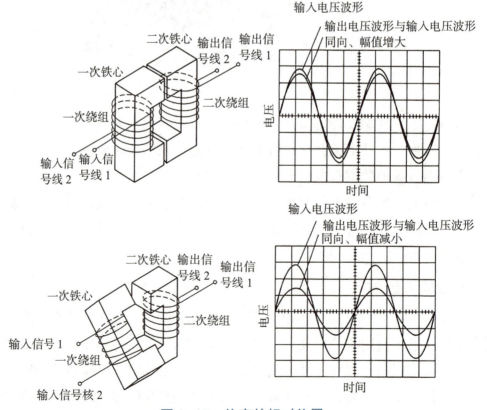

图 2-15 旋变的相对位置

项目 2　驱动电机结构原理与检修　　71

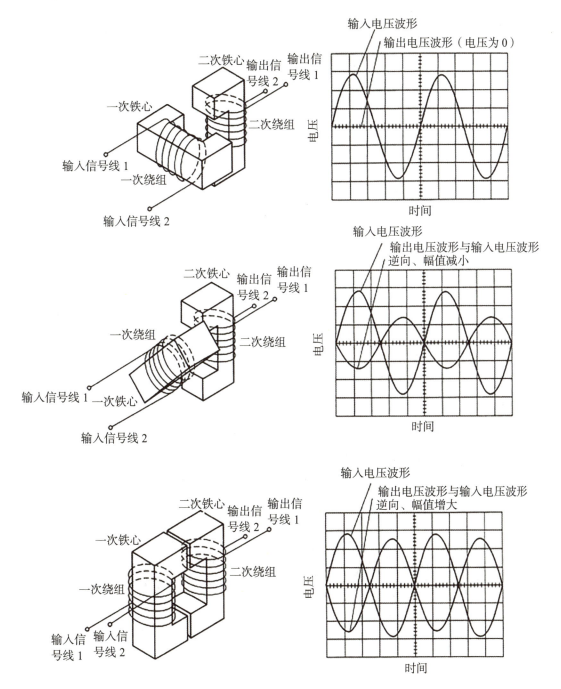

图 2-15　旋变的相对位置（续）

旋变的设计原理：输出信号幅值随位置变化而变化，但频率不变。旋变在实际应用中，设置了两组二次线圈，两者相位差为90°，从而可以输出幅值为正弦与余弦变化的两组信号，端子号为 S1～S4，励磁绕组端子号是 R1 和 R2。旋变内部结构如图 2-16 所示。

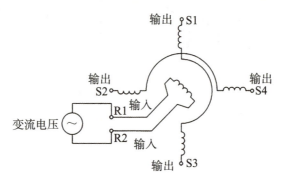

图 2-16　旋变内部原理图

输入电压频率是高频信号，一般在 10 kHz 左右，这个频率是旋转变压器的工作频率，频率如果高，阻抗就大，输出信号强度就不够；如果频率低，电流就大，可能损坏旋转变压器。这样加高调频励磁输入后，输出侧也有同样频率的输出，再加上旋转角度，输出侧的幅值也发生变化，最终输入输出波形如图 2-17 所示。

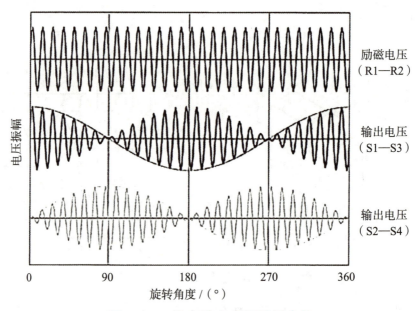

图 2-17　旋变输出电压振幅变化

旋转变压器检测电机的转速、旋转方向（正转或反转）、电机位置（旋转角度），如果旋变信号失效或丢失，车辆将无法启动。不论转子的速度是多少，旋转的方向是哪边，旋转变压器都是能精确测量电机的转子位置的传感器。

旋转变压器有电磁感应式、霍尔式两种。旋转变压器固定在电机定子上，如图 2-18 所示。

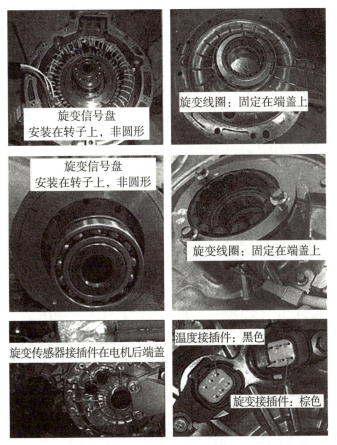

图 2-18 比亚迪 e5 旋转变压器安装位置

旋转变压器监测转子磁场相对于定子绕组的位置，并在确定的相对位置上发出信号控制功率放大元件（变频器），使定子绕组中的电流方向进行切换。旋转变压器由以下 5 个主要部件组成。

（1）励磁绕组的转子铁心，随着电机的转子旋转。

（2）励磁绕组，能产生固定频率的磁场。

（3）正弦绕组，感应励磁绕组的磁场并产生正弦信号。

（4）余弦绕组，感应励磁绕组的磁场并产生余弦信号。

（5）不同极对数的定子铁心，三种绕组都缠绕在定子铁心上。

电机控制模块能产生信号，控制励磁绕组的通断。从正弦绕组和余弦绕组返回的信号互相偏移，通过模数转换处理器转变为数字信号。模数转换处理器通常与旋转变压器集成在同一个控制模块中。控制模块可以通过同时参照正弦和余弦绕组的感应电压输出，判定任何时间点的转子位置。再结合电压、电流信号和转子位置，控制模块甚至可以计算出电机的输出功率（转矩），并且将其与电机的需求转矩比较。

旋转变压器的磁场通常是不可控的。因此在一些车型中，旋转变压器或者电机更换后，必须在其控制系统中重新写入偏移补偿量（resolver offset）。若没有更新偏移补偿量，该汽车可能会在预设模式下运行，这可能会限制电机的输出功率。

二、三相异步电机的结构原理

（一）三相异步电机的基本结构

三相异步电机主要由定子和转子两个部分组成，定子是不动的部分，转子是旋转的部分，在定子和转子之间有一定的气隙，如图 2-19 所示。

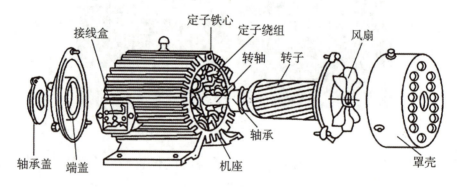

图 2-19　三相异步电机的结构

1. 定子

三相异步电机的定子由定子铁心、定子绕组和机座三部分组成。

（1）定子铁心。定子铁心是异步电机磁路的一部分（图 2-20），装在机座里。为了减少旋转磁场在铁心中引起的涡流损耗和磁滞损耗，定子铁心由导磁性能较好、厚度为 0.5 mm 且冲有一定槽形的硅钢片叠压而成。对于容量较大（10 kW 以上）的电机，在硅钢片两面涂上绝缘漆，作为片间绝缘，以减少涡流损耗。

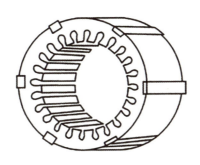

图 2-20　定子铁心示意图

在定子铁心内圆开有均匀分布的槽，槽内放置定子绕组。图 2-21 为定子铁心槽，其中，（a）是开口槽，用于大、中型容量的高压异步电机；（b）是半开口槽，用于中型 500 V 以下的异步电机；（c）是半闭口槽，用于低压小型异步电机。

（a）开口槽　　　　　（b）半开口槽　　　　　（c）半闭口槽

图 2-21　定子铁心槽

（2）定子绕组。定子绕组是异步电机定子的电路部分，它由许多线圈按一定的规律连接而成。定子绕组嵌放在定子铁心的内圆槽内。小型异步电机的定子绕组一般采用高强度漆包圆铜线或圆铝线绕成，大中型异步电机定子绕组一般采用高强度漆包扁铜线或扁铝线绕成。

三相异步电机的定子绕组是一个三相对称绕组，它由 3 个完全相同的绕组所组成,每个绕组即一相,3个绕组中每两相之间在空间相差120°电角度,每相绕组的两端分别用U1和U2、V1和V2、W1和W2表示,其中,U1、V1、W1称为首端,而U2、V2、W2称为末端。这三相绕组可联结成星形或三角形。图2-22为三相异步电机定子绕组接线图。具体采用哪种接线方式取决于每相绕组能承受的电压设计值。例如,一台相绕组能承受220 V电压的三相异步电机,铭牌上标有额定电压220 V/380 V,两种联结方式均可采用,表明若电源电压为380 V,则采用星形联结;若电源电压为220 V,则采用三角形联结。两种情况下,每相绕组承受的电压都是220 V。

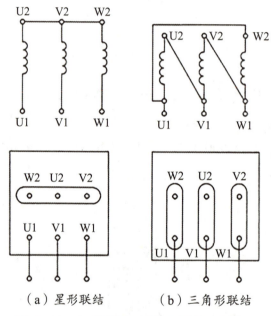

图2-22 三相异步电机定子绕组接线

三相绕组接入三相交流电源,三相绕组中的电流在定子铁心中产生旋转磁场。

(3)机座。机座用铸铁、铸钢或铝合金制成,其作用是固定铁心和绕组。根据不同的冷却方式采用不同的机座形式

2.转子

三相异步电机转子由铁心、绕组和转轴组成。

(1)转子铁心。转子铁心的作用与定子铁心相同,一方面作为电机磁

路的一部分，另一方面用来安放转子绕组。它用厚 0.5 mm 且冲有转子槽的硅钢片叠压而成，中小型电机的转子铁心一般都直接固定在转轴上，而大型异步电机的转子则套在转子支架上，然后让支架固定在转轴上。

（2）转子绕组。转子绕组的作用是产生感应电动势、流过电流并产生电磁转矩。按其结构形式分为笼形转子和绕线转子两种。两种电机的转子构造虽然不同，但工作原理是一致的。转子的作用是产生转子电流，进而产生电磁转矩。下面分别说明这两种绕组的特点。

在转子铁心的每一个槽内插入一铜条，在铜条两端各用一铜环把所有的导条连接起来，这称为铜排转子，如图 2-23（a）所示。也可用铸铝的方法，用熔铝浇铸成短路绕组，即将导条、端环和风扇叶片一次铸成，称为铸铝转子，如图 2-23（b）所示。100 kW 以下的异步电机，一般采用铸铝转子。如果去掉铁心，仅由导条和端环构成的转子绕组，外形像一个松鼠笼子，所以称笼形转子绕组，笼形转子绕组的电机称为笼形异步电机。笼形转子结构简单、制造方便、成本低、运行可靠，从而得到广泛应用。

（a）铜排转子

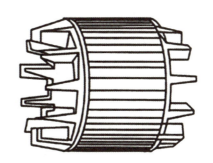
（b）铸铝转子

图 2-23　笼形异步电机转子绕组

绕线转子异步电机与定子绕组相似，它在转子铁心的槽内嵌有三相对称绕组，一般作星形联结，3 个端头分别接在与转轴绝缘的集电环上，通过电刷装置与外电路相接，如图 2-24 所示。它可以把外接电阻串联到转子绕组回路上，以便改善异步电机的启动及调速性能。为了减少电刷引起的摩擦损耗，中等容量以上的电机还装有一种提刷短路装置。绕线转子绕组的电机称为绕线转子异步电机。

对于绕线转子异步电机，改变转子回路串入的附加电阻，可以改善电机的启动性能或调节电机的转速。但与笼形电机相比，绕线转子电机的结构复杂，维修较麻烦，造价高。因此，对启动性能要求较高和需要调速的场合才选用绕线转子异步电机。

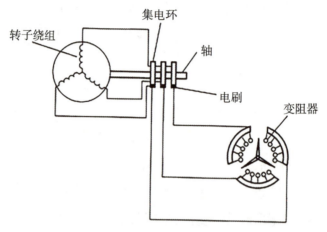

图 2-24　绕线转子异步电机转子电路

（3）其他部分及气隙。除了定子、转子外，还有端盖、风扇等。端盖除了起防护作用外，还装有轴承，用以支撑转子轴。风扇则用来通风冷却。

异步电机定子与转子之间存在气隙，气隙大小对异步电机的性能、运行可靠性影响较大。

气隙过大，将使磁阻增大，励磁损耗增大，由电网供给的励磁电流随之增大，电机的功率因数 $\cos\varphi$ 变低，使电机的性能变坏；但气隙过小又容易使运行中的转子与定子碰擦，发生"扫膛"，给启动和运转带来困难，严重时会因过热而烧毁电机，另外也给装配带来困难。中小型异步电机的气隙一般为 0.1～1 mm。

（二）三相异步电机的工作原理

1. 定子旋转磁场

假设每相绕组只有 1 个线匝，分别嵌放在定子内圆周的 6 个凹槽之中。现将三相绕组的末端 U2、V2、W2 相连，首端 U1、V1、W1 接三相交流电源。且三相绕组分别叫做 U、V、W 相绕组，如图 2-25 所示。

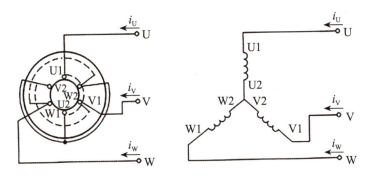

图 2-25　三相异步电机定子接线

假定定子绕组中电流的正方向规定为从首端流向末端，且 U 相绕组的电流作为参考正弦量，即 i_U 的初相位为零，则三相绕组 U、V、W 的电流（相序为 U—V—W）的瞬时值为

$$i_U = I_m \sin\omega t$$
$$i_V = I_m \sin(\omega t - \frac{2\pi}{3})$$
$$i_W = I_m \sin(\omega t - \frac{4\pi}{3})$$

图 2-26 是这些电流随时间变化的曲线，随着电流在定子绕组中通过，三相定子绕组中就会产生旋转磁场，如图 2-27 所示。

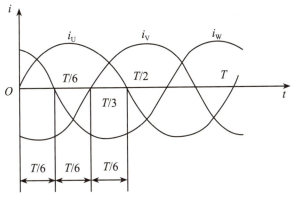

图 2-26　电流随时间变化的曲线

当 $wt=0°$ 时，$i_U=0$，U1U2 绕组中无电流；i_V 为负，V1V2 绕组中的电流从 V2 流入 V1 流出；i_W 为正，W1W2 绕组中的电流从 W1 流入 W2 流出；由右手螺旋定则可得合成磁场的方向如图 2-27（a）所示。

当 $wt=120°$ 时，$i_V=0$，V1V2 绕组中无电流；i_U 为正，U1U2 绕组中的电

流从 U1 流入 U2 流出；i_W 为负，W1W2 绕组中的电流从 W2 流入 W1 流出；由右手螺旋定则可得合成磁场的方向如图 2-27（b）所示。

当 wt=240° 时，i_W=0，W1W2 绕组中无电流；i_U 为负，U1U2 绕组中的电流从 U2 流入 U1 流出；i_V 为正，V1V2 绕组中的电流从 V1 流入 V2 流出；由右手螺旋定则可得合成磁场的方向如图 2-27（c）所示。

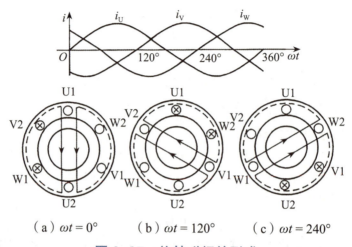

图 2-27 旋转磁场的形成

可见，当定子绕组中的电流变化 1 个周期时，合成磁场也按电流的相序方向在空间旋转 1 周。随着定子绕组中的三相电流不断地做周期性变化，产生的合成磁场也不断地旋转，因此称为旋转磁场。

2. 旋转磁场的旋转方向

旋转磁场的方向是由三相绕组中的电流相序决定的，若想改变旋转磁场的方向，只要改变通入定子绕组的电流相序，即将 3 根电源线中的任意两根对调即可。这时，转子的旋转方向也跟着改变。

例如，将 V、W 两根线对调，则 V 相与 W 相绕组中电流的相位对调，如图 2-28 所示。此时，U 相绕组内的电流超前 V 相绕组内的电流 120°，而 V 相绕组内的电流又超前 W 相绕组内的电流 120°，当三相交流电的顺序为 U→V→W 时，旋转磁场的旋转方向为 U→V→W，即向顺时针方向旋转，如图 2-29 所示，与未对调前的旋转方向相反。

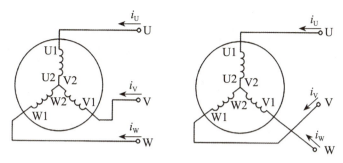

图 2-28 旋转磁场的旋转方向

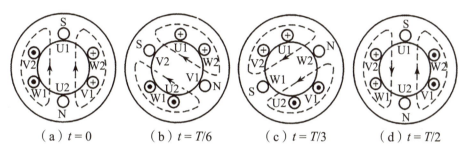

（a）$t=0$　　　（b）$t=T/6$　　　（c）$t=T/3$　　　（d）$t=T/2$

图 2-29 旋转磁场顺时针方向旋转

3. 三相异步电机的极对数与转速

（1）极对数 p。三相异步电机的极数就是旋转磁场的极数。旋转磁场的极对数和三相绕组的安排有关。

当每相绕组只有 1 个线圈，绕组的始端之间相差 120° 空间角时，产生的旋转磁场具有 1 对极，即 $p=1$。

当每相绕组为两个线圈串联，绕组的始端之间相差 60° 空间角时，产生的旋转磁场具有 2 对极，即 $p=2$。

同理，如果要产生 3 对极，即 $p=3$ 的旋转磁场，则每相绕组必须有均匀安排在空间的串联的 3 个线圈，绕组的始端之间相差 40°（=120°/3）空间角。极对数 p 与绕组的始端之间的空间角 θ 的关系为 $\theta=120°/p$。

（2）转速 n。在交流电动机中，旋转磁场相对定子的转速被称为同步转速，用 n_0 表示。从图 2-30 可以看出，不同时刻，旋转磁场在空间转到不同位置，此情况下电流变化半个周期，旋转磁场在空间只转过了 $\pi/2$，即 1/4 转；电流变化 1 个周期，旋转磁场在空间转 1/2 转。

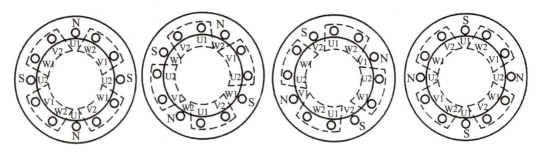

图 2-30　旋转磁场在空间不同位置

由此可知，当旋转磁场具有 2 对磁极（$p=2$）时，其转速仅为 1 对磁极时的 1/2。依次类推，当有 p 对磁极时，其转速为

$$n_0=60f_1/p$$

由上述公式可知，旋转磁场的转速 n_0 取决于电流频率 f_1 和磁场的极对数 p。对某一异步电机而言，f_1 和 p 通常是一定的，所以磁场转速 n_0 是个常数，旋转磁场的转速与电流的频率成正比而与磁极对数成反比。

在我国，工频 f_1=50 Hz，因此对应于不同极对数 p 的旋转磁场转速 n_0，见表 2-3。

表 2-3　对应不同极对数的旋转磁场转速

p	n_0/（r/min）	p	n_0/（r/min）	p	n_0/（r/min）
1	3000	3	1000	5	600
2	1500	4	750	6	600

（3）转差率 s。电机转子转动方向与磁场旋转的方向相同，但转子的转速 n 不可能达到与旋转磁场的转速 n_0 相等，否则转子与旋转磁场之间就没有相对运动，磁力线就不切割转子导体，转子电动势、转子电流及转矩也就都不会产生。也就是说旋转磁场与转子之间必须存在转速差，因此我们把这种电动机称为异步电动机。又因为这种电动机的转动原理是建立在电磁感应基础上的，故又称为感应电动机。

旋转磁场的转速 n_0 常称为同步转速。转差率 s 是用来表示转子转速 n 与磁场转速 n_0 相差程度的物理量，即

$$S=(n_0-n)/n_0$$

转差率是异步电机的一个重要的物理量。当旋转磁场以同步转速 n_0 开始旋转时，转子则因机械惯性尚未转动，转子的瞬间转速 $n=0$，这时转差率 $s=1$。转子转动起来之后，$n>0$，(n_0-n) 差值减小，电机的转差率 $s<1$。如果转轴上的阻转矩加大，则转子转速 n 降低，即异步程度加大，才能产生足够大的感应电动势和电流，进而产生足够大的电磁转矩，这时的转差率 s 增大；反之，s 减小。异步电机运行时，转速与同步转速一般很接近，转差率很小。在额定工作状态下约为 0.015～0.06 之间。

（4）三相异步电机的定子电路与转子电路。三相异步电机中的电磁关系同变压器类似，定子绕组相当于变压器的一次绕组，转子绕组（一般是短接的）相当于二次绕组。给定子绕组接上三相电源电压，则定子中就有三相电流通过，此三相电流产生旋转磁场，其磁力线通过定子和转子铁心而闭合，这个磁场在转子和定子的每相绕组中都要感应出电动势。

（三）三相异步电机的铭牌数据

1. 额定值

三相异步电机在铭牌上标明的额定值主要有以下几项。

扫一扫

比较不同车型的驱动电机及铭牌

（1）额定功率：电机在额定运行时，转轴上输出的机械功率，单位是 kW。

（2）额定电压：电机和额定运行时，电网加在定子绕组上的线电压，单位是 V 或 kV。

（3）额定电流：电机在额定电压下，输出额定功率时，定子绕组中的线电流，单位是 A。

（4）额定转速：电机额定运行时的转速，单位是 r/min。

（5）额定频率：电机所接电源的频率，单位是 Hz。

（6）额定功率因数：电机额定运行时，定子电路的功率因数。一般中小型异步电机为 0.8 左右。

（7）接法：电机在额定运行时，定子三相绕组应采用的联结方式。

此外，铭牌上还标有绝缘等级、温升及电机的额定效率、工作方式等，绕线转子异步电机还标有转子绕组的开路线电压和额定线电流。

额定值之间有如下关系：

$$P_N = \sqrt{3}\, U_N I_N \cos\varphi_N \eta_N$$

对于 380 V 的低压异步电机，其 $\eta_N \cos\varphi \approx 0.8$，代入式 P_N 中，并规定 P_N 的单位为 kW，I_N 的单位为 A，可得到

$$I_N \approx 2P_N$$

由此可以估算出额定电流。

2. 三相异步电机定额

常用的电机定额分连续、短时和断续 3 种。连续是指电机连续不断地输出额定功率而温升不超过铭牌允许值；短时表示电机不能连续使用，只能在规定的较短时间内输出额定功率；断续表示电机只能短时输出额定功率，但可以断续地重复启动和运行。

3. 温升

电机运行中，部分电能转换成热能，使电机温度升高。经过一定时间，电能转换的热能与机身散发的热能达到平衡，机身温度达到稳定。在稳定状态下，电机温度与环境温度之差为电机温升。

4. 绝缘等级

绝缘等级指电机绕组所用绝缘材料按它的允许耐热程度规定的等级，电机常用的级别为 B 级，130℃；F 级，155℃。

5. 功率因数

功率因数指电机从电网所吸收的有功功率与视在功率的比值。视在功率一定时，功率因数越高，有功功率越大，电机对电能的利用率也越高。

6. 型号

铭牌上除了上述的额定数据外，还必须标明电机的型号。型号是包括电机名称、规格、形式等信息的一种产品代号，表明电机的种类和特点。异步电机的型号由汉语拼音大写字母、国际通用符号和阿拉伯数字组成，Y 系列

项目2 驱动电机结构原理与检修

异步电机举例如下。

（1）中小型异步电机：

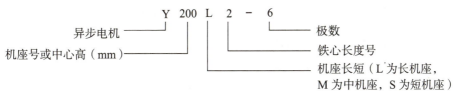

（2）大型异步电机：

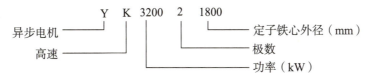

（四）三相异步电机的控制

1. 直接启动控制电路

直接启动即启动时把电机直接接入电网，加上额定电压。一般来说，电机的容量不大于直接供电变压器容量的20%～30%时，都可以直接启动。

1）点动控制

如图2-31所示，合上开关S，三相电源被引入控制电路，但电机还不能启动。按下按钮SB，接触器KM线圈通电，衔铁吸合，常开主触点接通，电机定子接入三相电源启动运转。松开按钮SB，接触器KM线圈断电，衔铁松开，常开主触点断开，电机因断电而停转。

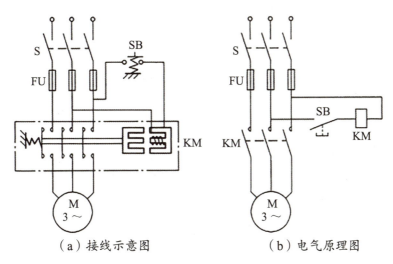

图2-31 点动控制

2）直接启动控制

（1）启动过程。按下启动按钮 SB_1，接触器 KM 线圈通电，与 SB_1 并联的 KM 的辅助常开触点闭合，以保证松开按钮 SB_1 后 KM 线圈持续通电，串联在电机回路中的 KM 的主触点持续闭合，电机连续运转，从而实现连续运转控制。

（2）停止过程。按下停止按钮 SB_2，接触器 KM 线圈断电，与 SB_1 并联的 KM 的辅助常开触点断开，以保证松开按钮 SB_2 后 KM 线圈持续失电，串联在电动机回路中的 KM 的主触点持续断开，电动机停转。

与 SB_1 并联的 KM 辅助常开触点的这种功能称为自锁。如图 2-32 所示，控制电路还可实现短路保护、过载保护和零电压保护。

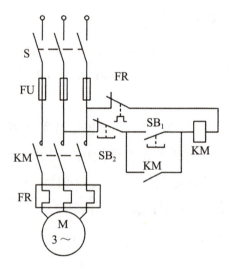

图 2-32 直接启动控制

起短路保护的是串接在主电路中的熔断器 FU。一旦电路发生短路故障，熔体立即熔断，电机立即停转。

起过载保护的是热继电器 FR。当过载时，热继电器的发热元件发热，将其常闭触点断开，使接触器 KM 线圈断电，串联在电机回路中的 KM 主触点断开，电机停转。同时 KM 辅助触点也断开，解除自锁。故障排除后若要重新启动，需按 KM 下 FR 的复位按钮，使 FR 的常闭触点复位（闭合）即可。

起零电压（或欠压）保护的是接触器 KM 本身。当电源暂时断电或电压严重下降时，接触器 KM 线圈产生的电磁吸力不足，衔铁会自行释放，使主、辅触点自行复位，切断电源，电机停转，同时解除自锁。

2. 正反转控制

1）简单的正反转控制电路

简单正反转控制电路如图 2-33 所示。

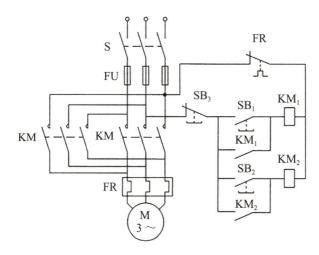

图 2-33 简单的正反转控制电路

（1）正向启动过程。按下启动按钮 SB_1，接触器 KM_1 线圈通电，与 SB_1 并联的 KM_1 辅助常开触点闭合，以保证 KM_1 线圈持续通电，串联在电机回路中的 KM_1 主触点持续闭合，电机连续正向运转。

（2）停止过程。按下停止按钮 SB_3，接触器 KM_1 线圈断电，与 SB_1 并联的 KM_1 辅助触点断开，以保证 KM_1 线圈持续失电，串联在电机回路中的 KM_1 主触点持续断开，切断电机定子电源，电机停转。

（3）反向启动过程。按下启动按钮 SB_2，接触器 KM_2 线圈通电，与 SB_2 并联的 KM_2 辅助常开触点闭合，以保证线圈持续通电，串联在电机回路中的 KM_2 主触点持续闭合，电机连续反向运转。

缺点：KM_1 和 KM_2 线圈不能同时通电，因此不能同时按下 SB_1 和 SB_2，也不能在电动机正转时按下反转启动按钮，或在电动机反转时按下正转启动按钮。如果操作错误，将引起主回路电源相间短路。

2）带电气互锁的正反转控制电路

带电气互锁的正反转控制电路如图 2-34 所示。将接触器 KM 的辅助常闭触点串入 KM_1 的线圈回路中，从而保证在 KM_2 线圈通电时 KM_2 线圈回路总是断开的；将接触器 KM_2 的辅助常闭触点串入 KM_1 的线圈回路，从而保证在 KM_2 线圈通电时 KM_1 线圈回路总是断开的。这样接触器的辅助常闭触点 KM_1 和 KM_2 保证了两个接触器线圈不能同时通电，这种控制方式称为互锁或者联锁，这两个辅助常开触点为互锁或者联锁触点。

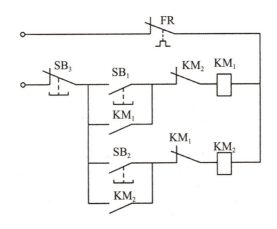

图 2-34　带电气互锁的正反转控制电路

缺点：在具体操作时，若电机处于正转状态要反转时必须先按停止按钮 SB_3，使互锁触点 KM_1 闭合后再按下反转启动按钮 SB_2 才能使电机反转；若电机处于反转状态要正转时必须先按停止按钮 SB_3，使互锁触点 KM_2 闭合后再按下正转启动按钮 SB_1 才能使电机正转。

3）同时具有电气互锁和机械互锁的正反转控制电路

同时具有电气互锁和机械互锁的正反转控制电路如图 2-35 所示。采用复式按钮，将 SB_1 按钮的常闭触点串接在 KM_2 的线圈电路中；将 SB_2 的常闭触点串接在 KM_1 的线圈电路中。这样，无论何时，只要按下反转启动按钮 KM_2，在 KM_1 线圈通电之前就先使 KM 断电，从而保证 KM_1 和 KM_2 不同时通电；从反转到正转的情况也一样。这种由机械按钮实现的互锁也叫机械互锁或按钮互锁。

项目 2　驱动电机结构原理与检修 　89

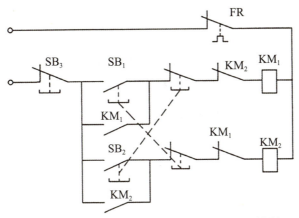

图 2-35　同时具有电气互锁和机械互锁的正反转控制电路

3. 星形 – 三角形减压启动控制

星形 – 三角形减压启动控制电路如图 2-36 所示。按下启动按钮 SB_1，时间继电器 KT 和接触器 KM_2 同时通电吸合，KM_2 的常开主触点闭合，把定子绕组连接成星（Y）形，其常开辅助触点闭合，接通接触器 KM_1。

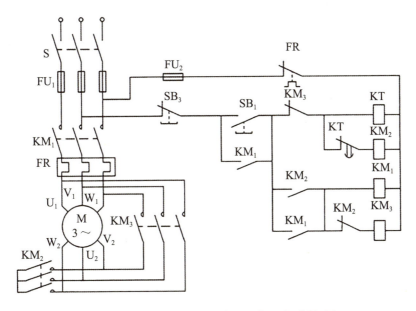

图 2-36　星形 – 三角形减压启动控制

KM_1 的常开主触点闭合，将定子接入电源，电机在 Y 形连接下启动。KM_1 的一个常开辅助触点闭合，进行自锁。经一定延时，KT 的常闭触点断开，

KM_2 断电复位，接触器 KM_3 通电吸合。

KM_3 的常开主触点将定子绕组接成三角形（△），使电动机在额定电压下正常运行。与按钮 SB_1 串联的 KM_3 常闭辅助触点的作用是当电机正常运行时，该常闭触点断开，切断 KT、KM_2 的通路，即使误按 SB_1，KT 和 KM_2 也不会通电，以免影响电路正常运行。若要停车，则按下停止按钮 SB_3，接触器 KM_1、KM_2 同时断电释放，电机脱离电源停止转动。

4. 行程控制

1）限位控制

限位控制电路如图 2-37 所示。当机械的运动部件到达预定的位置时压下行程开关的触杆，将常闭触点断开，接触器线圈断电，使电机断电而停止运行。

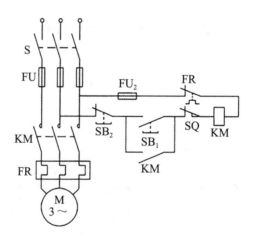

图 2-37　限位控制

2）行程往返控制

行程往返控制电路如图 2-38 所示。按下正向启动按钮 SB_1，电机正向启动运行，带动工作台向前运动。当运行到 SQ_2 位置时，挡块压下 SQ_2，接触器 KM_1 断电释放，KM_2 通电吸合，电机反向启动运行，使工作台后退。工作台退到 SQ_1 位置时，挡块压下 SQ_1，KM_2 断电释放，KM_1 通电吸合，电机又正向启动运行，工作台又向前进，如此一直循环下去，直到需要停止时按下 SB_3，KM_1 和 KM_2 线圈同时断电释放，电机脱离电源停止转动。

项目 2　驱动电机结构原理与检修

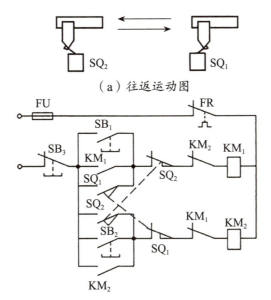

(a) 往返运动图

(b) 自动往返控制电路

图 2-38　行程往返控制

任务2.2 驱动电机结构原理认知任务工单

学生姓名		班级		学号	
实训场地		学时		日期	
任务	认识电机零部件。				
实训设备	（1）防护装备：防护用品一套（工作服、绝缘劳保鞋、护目镜、绝缘头盔、绝缘手套）。 （2）永磁同步电机、三相异步电机。 （3）专用工具、设备：拆装专用工具。 （4）手工工具：新能源汽车维修组合工具。 （5）辅助材料：高压电维修警示牌和设备、绝缘地胶、二氧化碳类型灭火器、清洁剂。				
任务要求	熟悉电机的各零部件。				
相关信息	根据教材中的信息，完成以下内容。 （1）简述永磁同步电机的结构原理。 （2）简述三相异步电机的结构原理。				

计划与决策	请根据任务要求，确定所需要的场地和物品，并对小组成员进行合理分工，制订详细的工作计划。 一、人员分工 小组编号：　　　　　组长： 小组成员： 我的任务： 二、准备场地及物品 检查并记录完成任务需要的场地、设备、工具及材料。 1. 场地 检查工作场地是否清洁及存在安全隐患，如不正常，请汇报老师并及时处理。 记录： 2. 车辆、充电桩、总成、工件 车辆： 充电桩： 其他： 3. 设备、工具及材料 防护装备： 设备及工具： 4. 安全要求及注意事项 （1）实训汽车停在实训工位上，没有经过老师批准不准启动，经老师批准后启动，首先应检查车轮的安全顶块是否放好，手制动是否拉好，排挡杆是否放在P挡（A/T），车前有没有人。 （2）禁止触碰任何带有安全警示标识的部件。 （3）实训期间禁止嬉戏打闹。 三、制订工作方案 根据任务，小组进行讨论，确定工作方案（流程/工序），并做好记录。

实施与检查	根据制订的计划实施，完成以下任务并记录。 （1）在实车或实训台架上认识永磁同步电机的结构，并结合图片将部件名称及作用记录下来。 记录： （2）在实车或实训台架上认识三相异步电机的结构，并结合图片将部件名称记录下来。 记录：
评估	根据任务完成情况，学生自我评分，教师或指定组长在过程巡视/验收检查时，发现问题直接扣分。 | 评估项目（分值）	自我评估	小组评估	教师评估
---	---	---	---
相关信息（5）			
决策与计划（5）			
实施与检查（10）			
合计（20）			
总评				

任务 2.3　驱动电机的更换与故障诊断

学习目标

（1）掌握永磁同步驱动电机的信号检测与总成的更换、故障诊断。
（2）掌握三相异步电机的拆卸及故障诊断。

知识储备

本书只介绍目前主流的永磁同步驱动电机（以比亚迪 e5 为例）信号检测与总成的更换、故障诊断，以及三相异步电机的拆卸及故障诊断。

一、比亚迪 e5 电机信号检测与总成的更换

（一）电机信号的检测

1. 电机三相定子绕组故障的检测

电机定子绕组的绝缘性能可能会随时间推移减弱，使得各相内部或两相位之间出现短路。

这种情况可能会导致电动汽车的控制系统进行报错（例如：电机电流超限）。由于为了诊断电动汽车的故障而将驱动桥移除或拆下通常是超预算的浪费，技术人员可能被要求在不拆下驱动桥或变速器的前提下诊断出故障。有些汽车制造商会要求技术人员对电机的定子绕组进行某些测量，以作为对电动汽车的自检系统的补充。

作为技术员，应该能在不拆解电机的情况下正确诊断出电机部件的故障，这些测量包括：

测量三相定子绕组的电阻值；测量定子绕组三相电缆对其部件接地之间的绝缘电阻值；测量电机电缆对电缆屏蔽层的绝缘电阻值。

电机三相电缆的端口通常标识有字母 U、V 和 W；有些情况下每个三相电缆端口均有字母标识（如 A、B、C），如图 2-39 所示。

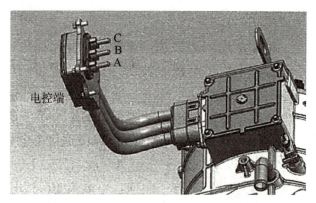

图 2-39　比亚迪 e5 电机端三相电缆

其他情况下电缆端口无标识，技术人员必须根据维修资料确定每个电缆端口的相位标识。要对电机电缆端口进行测试，可能必须卸下一些部件。具体检测包括以下几项。

（1）测量三相定子绕组的电阻值。虽然有时能通过对比电机三相绕组之间的电阻检测故障，但是电机定子绕组通常以星形联结的方式缠绕在一起，没有可直接接触到的中性端口。这可能会妨碍技术人员对单相定子绕组电阻的测量，因此技术人员必须测量接入电机的三相电缆的端口并且将这三相端口两两成组，来测量各组的电阻。

混合动力汽车和纯电动汽车的电机定子绕组电阻值很小。不同的车型，定子绕组电阻可能小至 0.01 Ω，也可能大至 0.2 Ω。电阻的性能规格一般来说会是一个十分小的范围，达标和未达标电机绕组的电阻值差异可能会低至 0.001 Ω。一些汽车制造商会提供电阻小于 0.0001 Ω 的电机绕组。

很多常见的数字万用表只能精确到 0.1 Ω（100 mΩ），因此不能达到测量电机绕组所要求的精确度。为了精确测量出小于 1 Ω 的电阻值，技术人员需要使用毫欧表（图 2-40）进行定子绕组电阻的测量，它能测量低于 1 mΩ 的电阻。

图 2-40 毫欧表

常用的电阻表使用两根导线测量电阻，测量时，测试电流和测试电压通过同一电路。与此不同，大多数的毫欧表使用四根导线进行测量。通过这种方式进行测量，电压和电流通过不同的电路，可以增加精确度。通常情况下，每一个连接到电机绕组的仪表都包括两个独立的电路，一个输出电压，用于驱动测量，另一个用于待测回路。

技术人员在测量前必须正确识别每个电机电缆端口的相位。在室温下，使用毫欧表分别测量比亚迪 e5 电机定子绕组 A、B、C 三相电阻，将毫欧表两端子分别接在电控端 A 相、B 相，可测得 AB 相的阻值；同理，可测量 BC 相的阻值、AC 相的阻值，看毫欧表显示电阻值是否在 29.4 mΩ ± 2.5 mΩ 范围内，且三相偏差不超过 1 mΩ。考虑到万用表的精度，三相线阻值的测量数据要求在 1 Ω 以内，三组数据接近即认为正常。检测方法如图 2-41 所示。

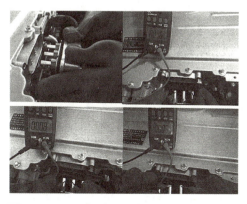

图 2-41 三相定子绕组相位电阻检测

（2）检测定子绝缘电阻故障。若混动和纯电动汽车的电机定子绕组对地出现短路，警示灯及故障码会在第一时间显示并发出警告。车载诊断系统会监测汽车的机壳接地线及其高压系统，并监测以下各项之间是否漏电：

①高压直流电及机壳或部件接地线。

②高压交流电及机壳或部件接地线（此测量较少见）。

车载诊断系统将会设置一个诊断故障码（DTC）。当接地短路已经超过系统故障检测临界值时，系统就会报告故障并提供诊断故障码，不同车型报故临界值的数值不一定相同。车载诊断系统还能检测高压系统和机壳或部件接地线之间的电量。

在某些情况中，即使系统并没有报告底盘或者部件高压漏电诊断故障码，技术人员也可在维修手册的指导下进行部件测试。再者，若技术人员无法复现之前对地漏电的诊断故障码，可以让电机前后转动，并测量电机转子不同旋转位置下的绝缘电阻。高压绝缘电阻也可能会受到电机温度变化的影响。很多混合动力汽车和纯电动汽车的解码器数据流能帮助技术人员查明高压漏电问题的源头。

电机定子绕组绝缘性能可能会随着使用时间逐渐衰弱，导致定子绕组和某接地部件之间产生短路（如定子绕组对定子铁心或驱动桥壳体短路）。这种情况可能是绝缘击穿或者内部的振动使绕组接触到了含有接地线路的部件（如定子铁心或驱动桥）造成的。若汽车的驱动桥流体吸收了大量水分使湿度大幅上升，流体本身就会产生导电性，导致绝缘性能已经下降的定子绕组和壳体接地线之间形成一个导电通路。

绝缘电阻表是测量定子绝缘电阻的仪器。高压绝缘的部件必须有极高的电阻值，经常是兆欧级别的（百万欧姆级别）。某些电动汽车组件的绝缘电阻的最低规格为 100 MΩ，传统的电阻表不能产生足够的测试电压来测量这种组件的绝缘电阻。

绝缘电阻表能产生 50～2500 V 的不同挡位直流（DC）测试电压。绝大多数的混合动力汽车和纯电动汽车制造商会公布电机定子绕组的绝缘电阻规格，包括定子绕组和部件接地线之间的最小电阻，测试绝缘电阻使用的测试电压。

绝缘电阻表的测试电压通常为 250 V、500 V 或 1000 V。由于绝缘电阻表是高电压仪器，技术人员需要保证做到绝缘电阻表制造商和汽车制造商要求的所有安全防护措施。绝大多数绝缘电阻表使用弹簧开关来激活绝缘电阻测量。由于电阻数值在测量期间会不断增大，技术人员在读数前必须一直按住开关，直到电阻数值稳定才能读数。

数字式绝缘电阻表及手摇式绝缘电阻表对三相定子绕组对地绝缘性的检测方法如图 2-42 所示。

图 2-42　三相定子绕组对地绝缘性检测

（3）推力测试。配有永磁电机和牵引电机（任何时候都与汽车最终驱动器保持机械连接的电机）的混合动力汽车和纯电动汽车能通过简单的空挡推力测试进行相间短路测试。为完成该项测试，技术人员必须设置汽车的停车制动，并挂空挡，然后将汽车熄火。协助人员需要坐在驾驶座位上控制汽车的制动踏板，而后松开驻车制动，推动汽车，如图 2-43 所示。

图 2-43 推力测试

> 技术人员可能会被要求完成额外步骤：关闭汽车的电子停车制动（若有）；空载时，关闭汽车电源。以上步骤各种车型不尽相同，因此技术人员须参考汽车厂家维修信息作为指导。

相间短路将会使得电机相电流泄漏，不能顺畅地旋转。这可能会导致车辆很难被推动。推动车辆时，可能会出现颤动或抖动的情况。假定推动力足够大（车速约 2 km/h），问题应该很容易被察觉到。也可以对已知工况良好的车辆进行推力测试，以做比对。

若推力测试暴露出了车辆问题，技术人员应在完成所有的安全防护措施后，将车辆电机电缆从变频器上拆除，并用绝缘胶带包裹电机电缆的端口以防止由于疏忽产生短路，再次测试。若电机不进行匀速旋转并且汽车仍旧很难推动，那么说明电机出现了问题；如果故障消失，那么变频器短路是产生这类问题的根源。

一些混合动力汽车，比如雪弗兰 Volt，它的驱动电机在空档状态下推动会空转，除非接入一个电机螺线管。对于这类车辆，可以临时给螺线管上电后进行推力测试。但是同样的，技术人员必须在进行这样的步骤之前参考汽车厂家维修手册。

一些混合动力汽车和纯电动汽车制造商会将推力测试放入汽车厂家的技术培训材料中。例如，丰田混合动力汽车系统诊断课程中，关于驱动桥的部分章节指出"若电机各相之间出现短路会使电机很难转动,汽车也很难被推动,并且在行车过程中车辆会抖动"。

2. 电机转子的故障

一般来说,转子故障可能会导致定子和转子之间磁场减弱,并导致电机作为电动机运行时产生的动力减少,作为发电机运行时产生的电流减小。转子故障包括以下几种:

(1)永磁电机转子磁体过热。

(2)感应电机转子断条或转子破损。

许多混合动力和纯电动汽车的制造商开发了车载诊断系统,用以检测转子和定子间的电磁场,并且设定了在超过了临界值时应显示的相应故障码。

虽然电机可以通过外部诊断设备进行测量,但很少有制造商会专门提供转子的技术参数。

在这样的情况下,技术人员需要自己从运转良好的车辆中收集转子数据,并与进行诊断的车辆数据进行对比。当前,转子故障在混合动力汽车和纯电动汽车中并不常见。

3. 传感器信号的检测

(1)温度传感器。在 10～40℃ 的温度下,测量温度传感器电阻时,用电阻表分别连接 3 和 6 端子,查看电阻表显示的电阻值是否在 50.04～212.5 kΩ 范围内。温度传感器端子及定义如图 2-44 所示。

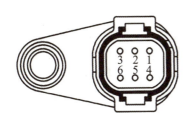

端子号	定义
1	
2	
3	温度传感器:红+
4	
5	
6	温度传感器:黑-

图 2-44 温度传感器端子及定义

(2)旋转变压器。在常温下,测量励磁电阻时,用电阻表分别连接 1、4 端子,查看电阻表显示的电阻值是否在标准值的范围内;同理,可测量正弦、余弦电阻值（表 2-4）。

表 2-4 电阻标准值

测量项	标准值 /Ω
励磁绕组电阻	6.5 ± 2
正弦绕组电阻	12.5 ± 4
余弦绕组电阻	12.5 ± 4

（二）电机总成的更换

电机拆卸前，要熟悉电机结构特点和检修技术要领，准备好拆卸所需工具和设备。另外，要清理现场工具，电机外表需用风吹扫干净。向用户了解电机运行情况，必要时，也可做一次检查试验。将电机空转，测出空载电流和空载损耗，同时检查电机各部温度、声响、振动等情况，并测出电压、转速等数据，这些情况和数据对检修后的电机质量检查有帮助。

另外，在切断电源的情况下测出电机绕组的绝缘电阻和直流电阻值，对于高压电机还可测出泄漏电流值，以备与检修后进行比较。以上检查和试验数据要详细记录下来。

将冷却液排出，交错拧开用于固定变速器箱体与电机的六角法兰面螺栓（紧固力矩为 79 N·m），将变速器与电机分离，如图 2-45 所示。

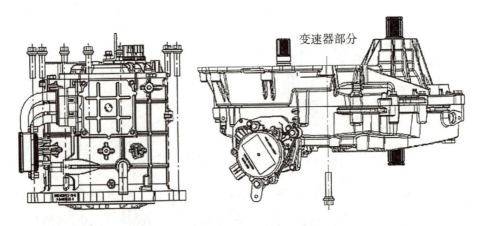

图 2-45 比亚迪 e5 电机总成拆卸

（三）电机组件的检测与更换

1. 维修说明

（1）电机内部。维修装配时要清洁电机内部，不能有杂物。

扫一扫　变速器的安装

扫一扫　变速器的拆卸

（2）密封处。具体操作要求如下：

①彻底清洗接合面。

②接合面一定要涂抹密封胶（耐油硅酮密封胶 M-1213 型）。接合面包括接线盒盖与箱体、端盖与箱体接合处。

③铭牌接合处要用 AB 胶涂抹。

（3）卡环。具体操作要求如下：

①勿过分扩张卡环，以免使其变形。如果变形，需要更换。

②确保卡环完全卡入环槽。

（4）螺栓。电机上所有的螺栓要用螺纹胶（赛特 242）涂抹紧固。如果螺栓有裂纹或者损坏，应及时更换。螺栓紧固完成后用油漆笔作标记。

（5）轴承。具体操作要求如下：

①安装轴承前要用轴承加热器加热所用的轴承 80 s。

②安装过程中，采用规定的工具进行操作。

（6）装配时应使用润滑油的位置。

①三相动力线束总成与箱体装配孔装配时涂抹润滑油。

② O 形圈与箱体装配时涂抹润滑油。

③密封盖与盖板装配时要涂抹润滑油。

④旋变接插件、温控接插件与箱体装配时涂抹润滑油。

2. 旋转变压器或温度传感器的检测与更换

通过前面的检测步骤，发现旋转变压器或温度传感器处出现问题时，需要对旋转变压器或温度传感器进行拆卸维修（图 2-46）。在拆分过程中，请注意保护好所有零部件，防止零部件被意外损坏。

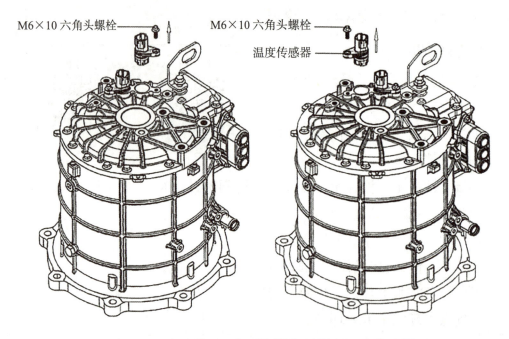

图 2-46 比亚迪 e5 电机旋转变压器和温度传感器

（1）用扳手将 M6×10 六角头螺栓拧下来。

（2）将旋转变压器或温度传感器取出来，用斜口钳将旋转变压器或温度传感器中间部分取下。

（3）取新的旋转变压器或温度传感器连上旋变引线端插件，在旋转变压器或温度传感器装配面涂上一层润滑油，在箱体配合孔也涂上一层润滑油。再将旋转变压器或温度传感器插入后箱体配合孔内。最后将 M6×10 六角头螺栓拧上，紧固力矩为 12 N·m。

3. 通气阀或三相电缆的检测与更换

通过前面的检测步骤，发现通气阀或三相电缆出现问题时，需要对通气阀或三相电缆进行拆卸维修（图 2-47）。在拆分过程中，请注意保护好所有零部件，防止零部件被意外损坏。

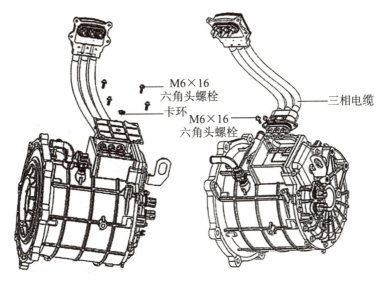

图 2-47　比亚迪 e5 电机通气阀与三相电缆

（1）用扳手将固定接线盒盖的 M6×16 六角头螺栓拧下来，用工具夹住通气阀卡环去除安装在接线盒盖上的通气阀。

（2）用扳手将固定三相电缆的 M6×16 六角头螺栓拧下来，拔下三相电缆，拔下时要小心不能损坏三相电缆。

（3）维修完毕后，再将三相电缆涂抹润滑油后装入箱体。将 M6×16 六角头螺栓涂螺纹胶固定三相电缆法兰，然后将三相电缆固定在接线座铜排上。

（4）将新的通气阀均匀用力压入接线盒的安装孔内，压到位后用卡环卡住。

（5）在箱体接合面涂抹密封胶，将接线盒盖凸点对应电机壳体的凸点予以装配，用 12 N·m 的力矩拧紧 M6×16 六角头螺栓。

4. 旋转变压器的检测与更换

通过前面的检测步骤，发现旋转变压器出现问题时，需要对旋转变压器进行拆卸维修（图 2-48）。因为旋转变压器安装在电机端盖上，所以需要先拆卸电机端盖。在拆卸端盖前，要检查紧固件是否齐全，并记录损伤情况，以免在装配过程中有紧固件遗落在电机内部。

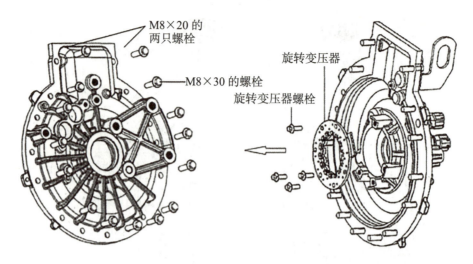

图 2-48 比亚迪 e5 电机端盖及旋转变压器

具体拆卸过程如下：

（1）用扳手将法兰面螺栓拆下。

（2）用专用工具将轴的花键端顶起（转子和端盖是一体的），将端盖从壳体上取下。由于之前装端盖时在接合面处涂抹了密封胶，拆下端盖后需要对电机内部进行清洁，不能让异物掉入电机内部。

（3）用扳手将旋转变压器螺栓拆下，将定子引出线从旋转变压器接插件中拔出后取出旋转变压器。

（4）对电机内部全部维修完毕后，再对端盖进行安装。先在箱体接合面处涂抹密封胶，利用定位销对端盖与箱体进行定位，然后用扭力扳手将法兰面螺栓拧紧，力矩为 25 N·m。

5. 电机内部零部件的检测与更换

1）气隙的检测

气隙是电机定转子之间的空隙，定子不转，转子需要转动，所以气隙是必须存在的（图 2-49）。电机不同，气隙大小也不同。一般来讲，异步电机气隙小，同步电机气隙大。检测气隙的目的是检查气隙值大小和不均匀度是否符合规定。Y 系列三相异步电机的制造气隙值见表 2-5、表 2-6，供检测时参考。

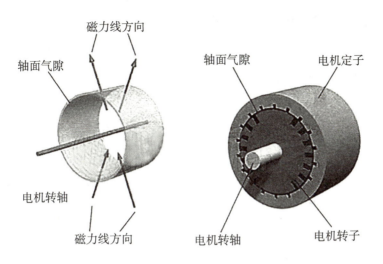

图 2-49 定子与转子铁心表面气隙

表 2-5 Y 系列（IP23）电机气隙长度　　　　　　　　（单位：mm）

中心高	2 级	4 级	6 级	8 级
160	0.8	0.55	0.45	0.45
180	1.0	0.65	0.5	0.5
200	1.1	0.7	0.5	0.5
225	1.2	0.8	0.55	0.55
250	1.5	0.9	0.65	0.65
280	1.6	1.0	0.7	0.7
315	1.8	1.4	1.2	1.0

表 2-6 Y 系列（IP44）电机气隙长度　　　　　　　　（单位：mm）

中心高	2 级	4 级	6 级	8 级
132	0.55	0.4	0.35	0.35
160	0.65	0.5	0.4	0.4
180	0.8	0.55	0.45	0.45
200	1.0	0.65	0.5	0.5
225	1.1	0.7	0.5	0.5
250	1.2	0.8	0.55	0.55
280	1.5	0.9	0.65	0.65
315	1.8	1.25	1.05	0.9

采用宽度 10～15 mm、长度 300～1000 mm 的塞尺,沿定子端盖上互隔 120°进行气隙的测量。塞尺插入铁心长度不小于 30 mm,塞尺不可偏斜,不要插在槽楔上。

气隙不均匀度是指定子、转子中心偏差 ξ(塞尺测量值)与制造气隙 δ 的比值,即 ξ/δ。不均匀度有两种表示方法:一种是"最大、最小气隙法",气隙不均匀度 $\xi/\delta=\pm(\xi_{大或小}-\delta_{cp})/\delta_{cp}$,其中平均气隙 $\delta_{cp}=(\delta_{大}+\delta_{小})/2$。另一种是"120°三孔法",气隙不均匀度 $\xi/\delta=2(\delta_2^1+\delta_2^2+\delta_2^3-\delta_1\delta_2-\delta_2\delta_3-\delta_1\delta_3)^2/3\delta$。

2)转子的检测与更换

通过检测气隙或检查转子,发现转子处出现问题时,需要对转子进行拆卸维修(图 2-50)。在拆分过程中,请注意保护好所有零部件,防止零部件被意外损坏。

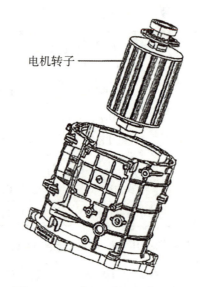

图 2-50 比亚迪 e5 电机转子

(1)利用提取转子的专用工具取出电机转子,再维修电机转子。如更换滚动轴承时,因为拆卸转子上的组件时会磨损配合表面,降低配合精度,所以不应轻易拆卸转子;如出现问题,建议整体更换。

(2)如果直接用手抽出转子,为了一次性抽出转子(防止磨损配合表面),可以在短轴端塞入一个"辅助轴",将轴接长。较重的转子还需要考虑使用起重工具和起重设备。

（3）更换转子后，如不需要维修更换其他组件，则安装好端盖（具体要求详见"旋转变压器的检测与更换"相关内容）。

3）定子的检测与更换

通过检测气隙或检查定子，发现定子处出现问题时，需要对定子进行拆卸维修（图2-51）。在拆分过程中，请注意保护好所有零部件，防止零部件被意外损坏。

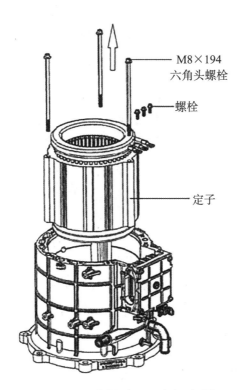

图2-51　比亚迪e5电机定子

（1）用扳手将固定三相电缆接线座铜排和定子引线的螺栓拆除。

（2）用扳手将固定定子的M8×194六角头螺栓拆除。

（3）将定子从电机中取出进行维修或更换。

（4）将维修完毕或新的电机定子装入电机，用12 N·m的力矩拧紧螺栓。

（5）将固定定子的六角头螺栓用25 N·m的力矩拧紧。

（6）如不需要维修更换其他组件，则安装好端盖（具体要求详见"旋转变压器的检测与更换"相关内容）。

4)密封环的检测与更换

通过水压密封性检验或目测,发现密封环处出现问题时,需要对密封环进行拆卸更换(图2-52)。在拆分过程中,请注意保护好所有零部件,防止零部件被意外损坏。

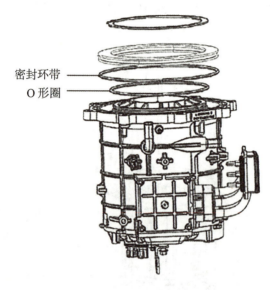

图 2-52　比亚迪 e5 电机密封环

(1)在拆卸密封环之前要确保电机水道内冷却液排放干净。

(2)将电机旋转变压器接插件端朝下平放,使用压缩空气在进水管处施加气压,出水管处堵塞密封。利用气压将密封环带 O 形圈压出后箱体。

(3)将密封环带 O 形圈或水道筋进行维修或更换,安装时需要涂抹润滑油。

(4)安装完毕后进行水压密封性检验。

6. 电机组件装配注意事项

电机装配前,要清扫定子、转子内外表面尘垢,并用沾汽油的棉布擦拭干净。清除电机内部异物和浸漆留下的漆瘤,特别是机座和端盖止口上的漆瘤和污垢,一定要用刮刀和铲刀铲除干净,否则影响电机装配质量。

检查槽楔、齿压板、绕组端部绑扎和绝缘块是否松动和脱落,槽楔和绑扎的无纬带或绑扎绳是否高出铁心表面。铁心通风沟要清洗干净,不得堵塞。

绕组绝缘和引线绝缘及出线盒绝缘应良好，不得损伤。绝缘电阻值不应低于规程的规定，还要检查装配零部件是否齐全。检查后要用 30 MPa 左右的压缩空气吹净电机铁心和绕组上的灰尘。最后按与拆卸时相反的顺序进行电机装配工作。

二、三相异步电机的拆装与故障分析

（一）三相异步电机的拆装

扫一扫　三相异步电机的拆卸

扫一扫　三相异步电机的安装

1. 电机拆卸前的准备

（1）准备好拆卸工具，特别是拆卸对轮的拉拔器、套筒等专用工具。

（2）布置检修现场。

（3）了解待拆电机结构及故障情况。

（4）拆卸时做好相关标记。

①标出电源线在接线盒中的相序。

②标出机座在基础上的位置，整理并记录好机座垫片。

③拆卸端盖、轴承、轴承盖时，记录好哪些属于负荷端，哪些属于非负荷端。

（5）拆除电源线和保护接地线，测定并记录绕组对地绝缘电阻。

（6）把电动机拆离基础，运至检修现场。

2. 电机大修时检查项目

（1）检查电机各部件有无机械损伤，若有则应做相应修复。

（2）解体电机，将所有油泥、污垢清理干净。

（3）检查定子绕组表面是否变色，漆皮是否有裂纹，绑线垫块是否松动。

（4）检查定子、转子铁心有无磨损和变形，通风道有无异物，槽楔有无松动或损坏。

（5）检查转子端环、风扇有无变形、松动、裂纹。

（6）使用外径千分尺和内径千分尺分别测量轴承室、轴颈，对比文件包内标准是否合格。

3. 中小型异步电机的拆卸步骤

中小型异步电机的拆卸步骤如图 2-53 所示。

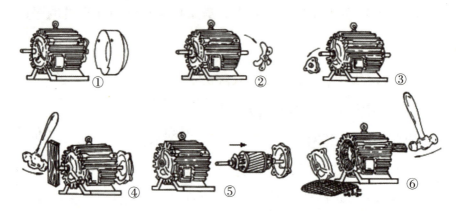

图 2-53 中小型异步电机的拆卸步骤

1) 对轮的拆卸

对轮常采用专用工具拉拔器来拆卸。拆卸前，标出对轮正、反面，记下在轴上的位置，作为安装时的依据。拆掉对轮上止动螺钉和销子后，用拉钩钩住对轮边缘，搬动丝杠，把它慢慢拉下，如图 2-54 所示。操作时，拉钩要钩得对称，钩子受力一致，使主螺杆与转轴中心重合。旋动螺杆时，注意保持两臂平衡，均匀用力。若拆卸困难，可用木锤敲击对轮外圆和丝杆顶端。如果仍然拉不出来，可将对轮外表快速加热（温度控制在 200℃ 以下），在对轮受热膨胀而轴承尚未热透时，将对轮拉出来。加热时可用喷灯或火焊，但温度不能过高，时间不能过长，以免造成对轮过火，或轴伸弯曲。注意：切忌硬拉或用铁锤敲打。

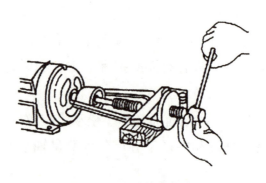

图 2-54 对轮的拆卸

2）端盖的拆卸

拆卸端盖前应先检查紧固件是否齐全，端盖是否有损伤，并在端盖与机座接合处做好对正记号，接着拧下前、后轴承盖螺钉，取下轴承外盖，再卸下前、后端盖紧固螺钉。如卸大、中型电机的端盖，可用端盖上的顶丝均匀加力，将端盖从机座止口中顶出。没有顶丝孔（退拔孔）的端盖，可用撬棍或螺钉旋具在周围接缝中均匀用力，将端盖撬出止口，如图 2-55 所示。

图 2-55　端盖的拆卸

3）抽出转子

在抽出转子前，应在转子下面气隙和绕组端部垫上厚纸板，以免抽出转子时碰伤铁心和绕组。对于 30 kg 以内的转子，可以直接用手抽出。较大的电机，可使用一端安装假轴，另一端使用吊车起吊的方法抽出转子，应注意保护轴伸、定子绕组和转子铁心风道。

4）轴承拆卸

常用方法有两种，第一种是用拉拔器直接拆卸，可以按拆卸对轮的方法进行拆卸，如图 2-56 所示。

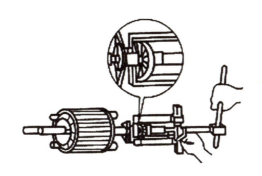

图 2-56　轴承拆卸

第二种方法是加热法，使用气焊直接加热轴承内套。操作过程中应使用石棉板将轴承与电机定子绕组隔开，防止着火烧伤线圈；还要注意必须先将轴承内润滑脂清理干净，防止着火。

5）测量

（1）轴承室内径测量。

（2）轴承室外径测量。

4. 电机的装配

电机的装配有以下几个步骤。

1）轴承安装前工作

（1）装配前应先检查轴承滚动件是否转动灵活，转动时有无异响、表面有无锈迹。

（2）应将轴承内防锈油清洗干净，并防止有异物遗留在轴承内。

2）轴承的安装

（1）轴伸在 50 mm 以下的轴承可以使用直接安装方法，如使用铜棒敲击轴承内套将轴承砸入，或使用专用的安装工具，如图 2-57 所示。

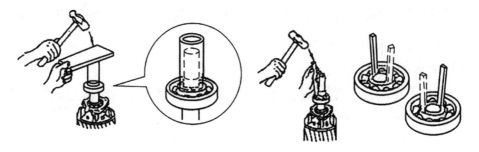

图 2-57　轴承的装配

（2）轴伸在 50 mm 以上的轴承可以使用加热法，包括专业的轴承加热器或电烤箱等，但温度必须控制在 100℃ 以下，防止轴承过火。

（3）轴承安装完毕必须检查是否安装到位，且不能立即转动轴承，防止将滚珠磨坏。

3）后端盖的装配

（1）按拆卸前所做的记号，转轴短的一端是后端。后端盖的突耳外沿有固定风叶外罩的螺钉孔。装配时将转子竖直放置，将后端盖轴承座孔对准轴承外圈套，然后一边使端盖沿轴转动，一边用木榔头敲打端盖的中央部分。如果用铁锤，被敲打面必须垫上木板，直到端盖到位为止，然后套上后轴承外盖，旋紧轴承盖紧固螺钉。

（2）按拆卸所作的标记，将转子放入定子内腔中，合上后端盖。按对角交替的顺序拧紧后端盖紧固螺钉。注意边拧螺钉，边用木榔头在端盖靠近中央部分均匀敲打，直至到位。

4）前端盖的装配

将前轴内盖与前轴承按规定加好润滑油，参照后端盖的装配方法将前端盖装配到位。装配时先用螺钉旋具清除机座和端盖止口上的杂物，然后装入端盖，按对角顺序上紧螺栓，具体步骤如图2-58所示。

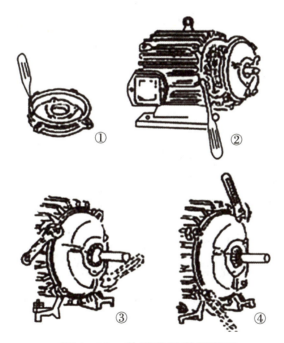

图2-58　前端盖的装配顺序

5.三相异步电机定子绕组首尾端的判别

三相定子绕组重绕以后或将三相定子绕组的连接片拆开以后，定子绕组的6个出线端可能不易区分，此时必须正确判定三相绕组的6个出线端的首末端，才能将电机正确接线并投入运行。

对装配好的三相异步电机定子绕组，用 36 V 交流电源法和剩磁感应法判别出定子绕组的首尾端。

1）36 V 交流电源法判别绕组首尾端

（1）用万用表电阻挡分别找出电机三相绕组的两个线端，做好标记。

（2）先给三相绕组的线端做假设标记 U1、U2、V1、V2、W1、W2，并把 V1、U2 连接起来．构成两相绕组串联。

（3）在 U1、V2 线头上接万用表交流电压挡。

（4）在 W1、W2 上接 36 V 交流电源，如果电压表有读数，说明线端 U1、U2 和 V1、V2 的标记正确。如果无读数，则把 U1、U2 或 V1、V2 中任意两个线端的标记对调一下即可。

（5）再按上述方法对 W1、W2 两个线端进行判别。

2）用剩磁感应法判别绕组首尾端

（1）用万用表电阻挡分别找出电机三相绕组的两个线端，做好标记。

（2）先给三相绕组的线端做假设标记 U1、U2、V1、V2、W1、W2。

（3）两相串联后，用手转动电机转子。由于电机定子及转子铁心中通常都有少量的剩磁，当磁场变化时，在三相定子绕组中将有微弱的感应电动势产生。此时若并接在绕组两端的万用表（交流 mV 挡）指针不动，则说明假设的标记是正确的；若指针有偏转，说明其中有一相绕组的首尾端假设标记不对。应逐一对调相两端重测，直至正确为止。

（二）三相异步电机故障分析

1. 三相异步电机绕组故障分析和处理技术

绕组是电机的组成部分，老化、受潮、受热、受侵蚀、异物侵入、外力的冲击都会对绕组造成伤害，电机过载、欠电压、过电压或缺相运行也会引起绕组故障。

绕组故障一般分为绕组接地、短路、开路、接线错误。现在分别说明故障现象、产生的原因及检查方法。

1）绕组接地（指绕组与铁心或与机壳绝缘被破坏而造成的接地）

（1）故障现象：机壳带电、控制线路失控、绕组短路发热，致使电机无法正常运行。

（2）产生原因：绕组受潮使绝缘电阻下降；电机长期过载运行；有害气体腐蚀；金属异物侵入绕组内部损坏绝缘；重绕定子绕组时绝缘损坏碰铁心；绕组端部碰端盖机座；定子、转子摩擦引起绝缘灼伤；引出线绝缘损坏与壳体相碰；过电压（如雷击）使绝缘击穿。

（3）检查方法：

①观察法。目测绕组端部及线槽内绝缘物，观察有无损伤和焦黑的痕迹，如有就是接地点。

②万用表检查法。用万用表低阻挡检查，读数很小，则为接地。

③绝缘电阻表法。根据不同的等级选用不同的绝缘电阻表测量每相绕组的绝缘电阻，若读数为零，则表示该相绕组接地，但对于电机绝缘受潮或因事故而击穿，需依据经验判定，一般说来指针在"0"处摇摆不定时，可认为其具有一定的电阻值。

④电流穿烧法。用一台调压变压器，接上电源后，接地点很快发热，绝缘物冒烟处即为接地点。应特别注意测试小型电机的电流不得超过其额定电流的2倍，时间不超过半分钟；大电机为额定电流的20%～50%，或逐步增大电流，到接地点刚冒烟时立即断电。

⑤分组淘汰法。对于接地点在铁心里面且烧灼比较厉害的，烧损的铜线与铁心熔在一起，采用的方法是把接地的一相绕组分成两半，依此类推，最后找出接地点。

此外，还有高压试验法、磁针探索法、工频振动法等，此处不一一介绍。

（4）处理方法：

①绕组受潮引起接地的应先进行烘干，当冷却到60～70℃时，浇上绝缘漆后再烘干。

②绕组端部绝缘损坏时，在接地处重新进行绝缘处理，先涂漆，再烘干。

③绕组接地点在槽内时，应重绕绕组或更换部分绕组元件。

④最后应用绝缘电阻表进行测量，满足技术要求即可。

2）绕组短路

绕组短路产生的原因通常是电动机电流过大、电源电压变动过大、单相运行、机械碰伤、制造不良等造成的绝缘损坏，分绕组匝间短路、绕组极间短路和绕组相间短路。

（1）故障现象：磁场分布不均，三相电流不平衡而使电机运行时振动和噪声加剧，严重时电机不能启动，而在短路线圈中产生很大的短路电流，导致线圈迅速发热而烧毁。

（2）产生原因：电机长期过载，使绝缘老化失去绝缘作用；嵌线时造成绝缘损坏；绕组受潮使绝缘电阻下降造成绝缘击穿；端部和层间绝缘材料没垫好或整形时损坏；端部连接线绝缘损坏；过电压或遭雷击使绝缘击穿；转子与定子绕组端部相互摩擦造成绝缘损坏；金属异物落入电机内部及油污过多。

（3）检查方法：

①外部观察法。观察接线盒、绕组端部有无烧焦，绕组过热后会变成深褐色，并有臭味。

②探温检查法。空载运行 20 min（发现异常时应马上停止），用手背摸绕组各部分是否超过正常温度。

③通电试验法。用电流表测量，若某相电流过大，说明该相有短路处。

④电桥检查。测量各绕组直流电阻，一般相差不应超过 3%，如超过，则电阻小的一相有短路故障。

⑤短路侦察器法。被测绕组有短路，则钢片就会产生振动。

⑥万用表或绝缘电阻表法。测任意两相绕组相间的绝缘电阻，若读数极小或为零，说明该两相绕组相间有短路。

⑦电压降法。把三绕组串联后通入低压安全交流电，测得读数小的一组有短路故障。

⑧电流法。电机空载运行，先测量三相电流，再调换两相接线测量并对比，若电流不随电源调换而改变，则较大电流的一相绕组有短路。

（4）短路处理方法：全部拆除，更换新绕组。

3）绕组开路

受机械应力或碰撞时线圈短路、发生接地故障可使导线烧毁，在并烧的几根导线中有一根或几根导线短路时，另几根导线由于电流的增加而温度上升，引起绕组发热而断路。

（1）故障现象：电机不能启动，三相电流不平衡，有异常噪声或振动大，温升超过允许值或冒烟。

（2）产生原因：

①绕组各元件、极（相）组和绕组与引接线等接线头焊接不良，长期运行过热脱焊。

②受机械力和电磁场力使绕组损伤或拉断。

③匝间或相间短路及接地造成绕组严重烧焦或熔断等。

（3）检查方法：

①观察法。断点大多数发生在绕组端部，观察有无碰折、接头处有无脱焊。

②万用表法。利用电阻挡，采用Y形接法时，将一根表笔接在Y形的中心点上，另一根依次接在三相绕组的首端，无穷大的一相为断点；采用△形接法时，断开连接后，分别测每组绕组，无穷大的则为断路点。

③绝缘电阻表法。阻值趋向无穷大的一相为断路点。

④电流表法。电机在运行时，用电流表测三相电流，若三相电流不平衡又无短路现象，则电流较小的一相绕组有部分断路故障。

⑤电流平衡法。采用Y形接法时，可将三相绕组并联后，通入低电压大电流的交流电，如果三相绕组中的电流相差大于10%，电流小的一端为断路；采用△形接法时，先将定子绕组的一个接点拆开，再逐相通入低压大电流，其中电流小的一相为断路。

（4）断路处理方法：

①断路在端部时，连接好后焊牢，包上绝缘材料，套上绝缘管，绑扎好，再烘干。

②绕组由于匝间、相间短路和接地等原因而造成绕组严重烧焦的，一般应更换新绕组。

4）绕组接错

绕组接错造成不完整的旋转磁场，致使启动困难、三相电流不平、噪声大等，严重时若不及时处理会烧坏绕组。主要有下列几种情况：某极相中一只或几只线圈嵌反或头尾接错；极（相）组接反；某相绕组接反；多路并联绕组支路接错；△、Y 接法错误。

（1）故障现象：电机不能启动，空载电流过大或不平衡度过大，温升太快或有剧烈振动并有很大的噪声，烧断熔丝等。

（2）产生原因：误将△形接成 Y 形；维修保养时三相绕组有一相首尾接反；减压启动时抽头位置选择不合适或内部接线错误；新电机在嵌线时，绕组连接错误；旧电机出头判断不对。

（3）检修方法：

如果绕组没有接错，则在一相绕组中，指南针经过相邻的极（相）组时，所指的极性应相反，在三相绕组中相邻的不同相的极（相）组也相反；如极性方向不变时，说明有一极（相）组反接；若指向不定，则相组内有反接的线圈。

（4）处理方法：

①一个线圈或线圈组接反，则空载电流有较大的不平衡，应送厂返修。

②引出线错误的应正确判断首尾后重新连接。

③减压启动接错的应对照接线图或原理图，认真校对并重新接线。

④新电机嵌线或重接新绕组后接线错误的，应送厂返修。

⑤定子绕组一相接反时，接反的一相电流特别大，可根据这个特点查找故障并进行维修。

⑥把 Y 形接成△形或匝数不够，则空载电流大，应及时更正。

2. 电机轴承异响分析与解决

1）保持器发出"唏哩唏哩……"声

（1）原因分析：由保持器与滚动体振动、冲撞产生，不管润滑脂种类如何都可能产生，承受力矩、负荷或径向游隙大的时候更容易产生。

（2）解决方法：

①提高保持器精度。

②选用游隙小的轴承或对轴承施加预负荷。

③降低力矩负荷，减小安装误差。

④选用好的油脂。

2）出现连续蜂鸣声"嗡嗡……"

（1）原因分析：电机无负荷运转时发出类似蜂鸣一样的声音，且电机发生轴向异常振动，开机或关机时有"嗡嗡"声。

（2）具体特点：多发于润滑状态不好时，冬天多发，两端用球轴承的电机多发，主要是轴调心性能不好时，在轴向振动的影响下会产生一种不稳定的振动。

（3）解决方法：

①用润滑性能好的油脂。

②加预负荷，减少安装误差。

③选用径向游隙小的轴承。

④提高电机轴承座刚性。

⑤加强轴承的调心性。

3）漆锈引起噪声

（1）原因分析：由于电机轴承机壳油漆未干，挥发出来的化学成分腐蚀轴承的端面、外沟及沟道，使沟道被腐蚀后发生异响。

（2）解决方法：

①把转子、机壳晾干或烘干后装配。

②降低电机温度。

③改善电机轴承放置的环境温度。

④用合适的油脂，脂油引起的锈蚀少，硅油、矿油最易引起锈蚀。

⑤采用真空浸漆工艺。

4）杂质噪音

（1）原因分析：由轴承或油脂的清洁度引起，电机发出一种不规则的异响。

（2）具体特点：声音时有时无、时大时小，没有规律，在高速电机上多发。

（3）解决方法：

①选用好的油脂。

②提高注脂前的清洁度。

③加强轴承的密封性能。

④提高安装环境的清洁度。

> **思考与讨论**
>
> ## 2022年全国电机十大品牌排行榜
>
> 2022年电机十大品牌排行分别是Mitsubishi（三菱）、Yaskawa（安川）、WOLONG（卧龙电气）、Panasonic（松下电器）、德国ABB、德国西门子、中山大洋电机股份有限公司、JSMC（江特电机）、JOHNSON（德昌）、DELTA（台达），请进入这些公司的网站查看公司在汽车电机方面的发展状况。
>
> 请同学们分析我国在汽车电机发展方面的优势和劣势，以及未来的发展趋势。

任务 2.2 驱动电机结构原理认知任务工单

学生姓名		班级		学号	
实训场地		学时		日期	
任务	驱动电机的拆卸及电机绝缘阻值检测。					
实训设备	（1）防护装备：防护用品一套（工作服、绝缘劳保鞋、护目镜、绝缘头盔、绝缘手套）。 （2）车辆、台架、总成：比亚迪 e5 或其他纯电动汽车。 （3）专用工具、设备：绝缘测试仪、拆装专用工具。 （4）手工工具：新能源汽车维修组合工具。 （5）辅助材料：高压电维修警示牌和设备、绝缘地胶、二氧化碳类型灭火器、清洁剂。				
任务要求	熟悉驱动电机的拆卸步骤及电机绝缘阻值检测步骤。				
相关信息	根据教材中的信息，完成以下内容。 （1）简述比亚迪 e5 电机信号的检测。 （2）简述比亚迪 e5 电机组件的检测与更换的注意事项。 （3）简述三相异步电机的拆卸步骤。				

计划与决策	请根据任务要求，确定所需要的场地和物品，并对小组成员进行合理分工，制订详细的工作计划。 一、人员分工 小组编号：　　　　组长： 小组成员： 我的任务： 二、准备场地及物品 检查并记录完成任务需要的场地、设备、工具及材料。 1. 场地 检查工作场地是否清洁及存在安全隐患，如不正常，请汇报老师并及时处理。 记录： 2. 车辆、充电桩、总成、工件 车辆： 充电桩： 其他： 3. 设备、工具及材料 防护装备： 设备及工具： 4. 安全要求及注意事项 （1）实训汽车停在实训工位上，没有经过老师批准不准启动，经老师批准启动，首先应检查车轮的安全顶块是否放好，手制动是否拉好，排挡杆是否放在P挡（A/T），车前有没有人。 （2）禁止触碰任何带有安全警示标识的部件。 （3）实训期间禁止嬉戏打闹。 三、制订工作方案 根据任务，小组进行讨论，确定工作方案（流程／工序），并做好记录。

实施与检查	根据制订的计划实施，完成以下任务并记录。 （1）比亚迪 e5 纯电动汽车驱动电机总成拆卸。 操作记录： （2）比亚迪 e5 纯电动汽车驱动电机绝缘阻值的检测。 操作记录：
评估	根据任务完成情况，学生自我评分，教师或指定组长在过程巡视/验收检查时，发现问题直接扣分。 | 评估项目（分值）	自我评估	小组评估	教师评估
---	---	---	---
相关信息（5）			
决策与计划（5）			
实施与检查（10）			
合计（20）			
总评				

项目 3

驱动电机控制器的结构与检修

驱动电机控制器是新能源汽车控制系统中重要的组成部分。通过本项目的学习,学生应能准确掌握电机控制器的组成、作用及工作原理;能针对驱动电机控制器常见故障进行诊断与排除。

项目 3　驱动电机控制器的结构与检修

任务 3.1　电机控制器的认知与更换

学习目标

（1）了解电机控制器的功能及构造。
（2）了解不同车型电机控制器的安装位置与特点。
（3）熟悉电机控制器的高压、低压接插件定义。
（4）能在车上找出电机控制器的安装位置。
（5）能够完成典型电机控制器的拆装。
（6）培养执着专注、精益求精、一丝不苟、追求卓越的工匠精神。
（7）具有团队合作意识，共同完成电机控制器的更换任务。
（8）能够严格执行新能源汽车维修规范，养成严谨科学的工作态度。

知识储备

电机控制器控制着动力电池组到电机之间能量的传输，同时采集电机位置信号和三相电流检测信号，精确地控制驱动电机运行。对于仅前驱或仅后驱的纯电动汽车，电机控制器既可以单独配置（如 2020 款比亚迪秦、2021 款一汽大众 ID.4），也可以采用"二合一"的型式（如吉利 EV300/450），或者采用"四合一"的型式（如比亚迪 e5、北汽 EU260）。"四合一"主要由驱动电机控制器（MCU）、车载充电机（OBC）、DC/DC 变换器、高压配电器等组成。"四合一"在不同车型的维修资料里面，描述有所不同。对于双电机全轮驱动的电动汽车，电机控制器通常有 2 个，即前部电机控制器、后部电机控制器。

一、吉利 EV450 电机控制器

1. 安装位置与外部特征

对于前轮驱动的车辆，电机控制器安装在前机舱内。吉利 EV450 电机控制器采用"二合一"的结构型式，如图 3-1 所示，左侧部件为"二合一"，即车载充电机、高压分配器；右侧部件也是"二合一"，即电机控制器、DC/DC 变换器。电机控制器采用 CAN 通信控制，控制着动力电池组到电机之间能量的传输，同时采集电机旋变传感器信号和三相电流检测信号，精确地控制驱动电机运行。

图 3-1 吉利 EV450 前机舱内的高压部件

驱动电机控制器的外部接口主要由高压线束接口、低压线束接口、驱动电机三相线束接口、低压充电接口（DC/DC）和冷却管口组成（图 3-2）。

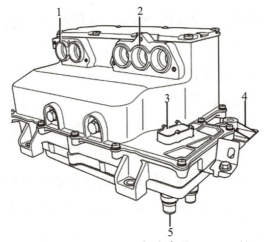

1—高压线束接口；2—驱动电机三相线束接口；3—低压线束接口。

图 3-2 吉利 EV450 电机控制器

2. 基本功能

电机控制器是一个既能将动力电池中的直流电转换为交流电以驱动电机，也能将车轮旋转的动能转换为电能（交流电转换为直流电）给动力电池充电的设备。车辆在制动或滑行阶段，电机作为发电机使用。它可以完成由车轮旋转的动能到电能的转换，给电池充电。DC/DC 变换器集成在电机控制器内部，其功能是将电池的高压电转换成低压电，为整车低压系统供电。

3. 内部结构

如图 3-3 所示，电机控制器内部包含 1 个 DC/AC 逆变器和 1 个 DC/DC 直流变换器，逆变器由 IGBT、直流母线电容、驱动和控制电路板等组成，实现直流与交流之间的转变。直流变换器由高低压功率器件、变压器、电感、驱动和控制电路板等组成，实现直流高压向直流低压的能量传递。电机控制器还包含冷却器（通过冷却液）给电子功率器件散热。

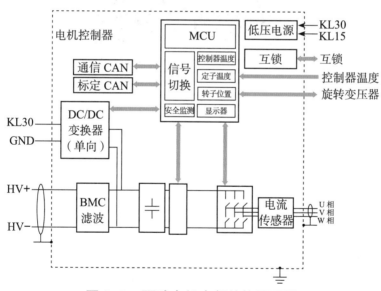

图 3-3　驱动电机内部结构原理图

4. 工作模式

（1）静态模式：静态模式在电机控制器处于被动状态（待机状态）或故障状态时被激活。

（2）转矩控制模式：电机控制系统控制电机轴向四象限的转矩。由于没有转矩传感器,转矩指令(由整车控制器发送)被转换成为电流指令,并进行闭环控制。转矩控制模式只有在获得正确的初始偏移角度时才能运行。

(3)主动放电模式:主动放电用于高压直流端电容的快速放电。主动放电指令来自整车控制器的指令或由电机控制器内部故障触发。

5. DC/DC 直流变换

电机控制器中的 DC/DC 变换器将高压直流端的高压转换成指定的直流低压(12 V 低压系统),低压设定值来自整车控制器指令。吉利 EV450 驱动电机控制器的低压充电接口如图 3-4 所示。

图 3-4　吉利 EV450 驱动电机控制器低压充电接口

6. 系统诊断功能

当故障发生时,软件根据故障级别使 PEU 进入安全状态或限制状态。安全状态包括主动短路或 Freewheel 模式(自由停机模式,即将逆变器 6 个 IGBT 开关器件全部关断),限制状态包括四个级别的功率/转矩输出限制。PEU 软件中提供基于 ISO-14229 标准的通信诊断功能,见表 3-1。

表 3-1　系统诊断功能

诊断项目	诊断内容
传感器诊断	电流传感器、电压传感器、温度传感器、位置传感器等故障诊断
电机诊断	电流调节故障,电机性能检查,主动短路或空转条件不满足,转子偏移角诊断等
CAN 通信诊断	包 CAN 内存检测,总线超时,报文长度、Checksum 校验,收发计数器的诊断
硬件安全诊断	相电流过电流诊断、直流母线电压过电压诊断,高/低压供电故障诊断,处理器监测等
DC/DC 诊断	DC/DC 传感器以及工作状态诊断

二、比亚迪电机控制器

2015～2018款比亚迪e5的电机控制器位于前机舱内的高压电控总成内部（图3-5）。高压电控总成又简称"四合一"，主要包括双向交流逆变式电机控制器（VTOG）、车载充电模块、DC/DC变换器模块、高压配电模块，以及漏电传感器等，如图3-6所示。

图3-5　比亚迪e5高压电控总成

图3-6　比亚迪e5高压电控总成

高压电控总成的主要功能：

（1）控制高压交/直流电双向逆变，驱动电机运转，实现充、放电功能（VTOG车载充电机）

（2）通过DC/DC变换器实现高压直流电转化为低压直流电，为整车低压电器系统供电。

（3）通过高压配电箱实现整车高压回路配电功能，通过漏电传感器模块实现高压漏电检测功能。

（4）CAN通信、故障处理记录及自检等功能。

与比亚迪e5不同，2020款比亚迪e3及比亚迪秦的电机控制器为独立的部件，安装在驱动电机的上方，位于充配电总成（图3-7）的下方。如图3-8所示，比亚迪秦装配永磁同步电机控制器，驱动电机的最大转速为12 100r/min，冷却方式为水冷，防护等级为IP67。

图3-7　2020款比亚迪e3充配电总成

图3-8　比亚迪秦驱动电机及控制器

三、北汽EU260电机控制器

如图3-9所示，北汽EU260的电机控制器位于"四合一"内部，北汽"四合一"称为动力电子单元（PEU）。

图3-9　北汽EU260动力电子单元（PEU）

1. 动力电子单元（PEU）基本功能

（1）通过电机控制器实现怠速控制（爬行）前进时控制电机正转，倒车时控制电机反转，在滑行或踩下制动踏板时实现能量回收（交流转换为直流），在陡坡行驶时实现防溜车功能。

（2）通过车载充电机实现车载充电功能。

（3）通过 DC/DC 变换器实现直流高压电转换为低压电，为 12 V 低压蓄电池充电。

（4）通过快充正接触器、快充负接触器实现快充高压电路控制。

（5）控制 PTC 控制器，实现 PTC 加热器控制。

（6）通过 DC/DC 熔断器、空调压缩机熔断器、PTC 熔断器、OBC 熔断器实现高压电路熔断保护。

2. 动力电子单元（PEU）内部结构

如图 3-10 所示，PEU 上端结构主要由电机控制器、车载充电机、DC/DC 变换器、PTC 控制器、快充继电器、熔断器、互锁电路等组成。PEU 下端结构由 2 个 3.3 kW 车载充电机组成。车载充电机安装在 PEU 下方，中间是冷却水套。

图 3-10　PEU 上端结构

电机控制器的内部工作原理如图 3-11 所示。电机控制器的核心部件是控制主板和 IGBT（绝缘栅双极型晶体管）驱动模块。

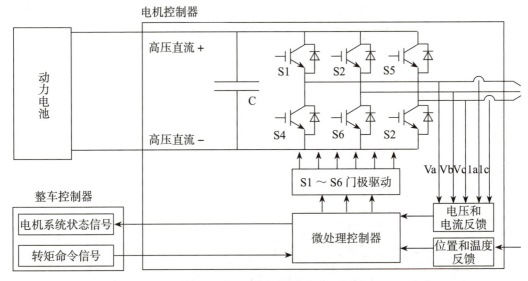

图 3-11　电机控制器内部工作原理

智能功率模块（IPM）是一种高性能的模块（图 3-12（a）），它安装了一个专用的驱动电路，用于从 IGBT 芯片中获得更高的性能。模块内部接有一个专用集成电路，用于执行自保护功能（短路、欠电压和过温）。高压 IGBT 模块（图 3-12（b））使得驱动电路的尺寸缩小，设备重量减少和效率提高。

（a）IPM 智能功率模块　　　（b）高压 IGBT 模块

图 3-12　IGBT 模块

> **知识拓展**
>
> **电机控制器旁安装一个 1000 μF 的电容器的作用**
>
> 电容器的作用是存储和释放电荷。在车辆上电时（READY 或 OK 灯点亮），为缓解对高压系统的冲击，电池管理器（BMS）先吸合负极继电器和预充继电器，动力电池高压电经过与预充继电器并联的限流电阻（预充电阻）后加载到电机控制器母线上，对预充电容器进行充电，电机控制器检测到母线上的电压与动力电池电压的差值在规定电压以内时，通过 CAN 总线向电池管理器反馈一个预充满信号，电池管理器收到预充满信号后控制主继电器吸合，断开预充继电器。而在高压下电（READY 灯熄灭）后，电机控制器将会执行主动放电模式，即对高压电容器进行快速放电。

扫一扫
电机控制器的安装

扫一扫
电机控制器的拆卸

四、典型电机控制器的更换

1. 前期准备

（1）一辆北汽 EU260 纯电动汽车或其他纯电动汽车停放在工位，操纵点火开关置于 OFF 位置。

（2）如图 3-13 所示，用十号扳手断开蓄电池负极，安装好蓄电池负极防护帽或包裹绝缘胶带，并设置警示标识（图 3-13、图 3-14），注意等待 5 min。

图 3-13　断开蓄电池负极

图 3-14　设置警示标识

（3）戴绝缘手套，向上推动动力电子单元（PEU）上的直流母线插头保险卡扣，拆卸直流母线连接动力电子单元的接插件，如图3-15所示。用万用表测量直流母线端正负极电压，标准值应低于1V，如图3-16所示。

注意：维修工作中应对车辆做好标识，标明正在维修高压、禁止连接12V蓄电池。

图3-15　拆卸直流母线连接动力电子单元的接插件

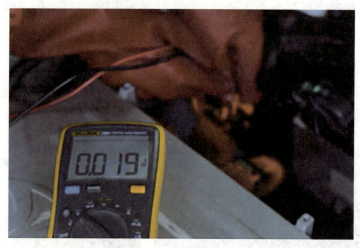

图3-16　验电操作

2. 拆卸动力电子单元（PEU）及其附件

（1）将冷却系统的冷却液排出，并放入收集盘中，按相关标准进行处理，如图 3-17 所示。

（2）断开驱动电机交流母线与 PEU 连接的高压接插件，并做好防护，如图 3-18 所示。

图 3-17　排放冷却液

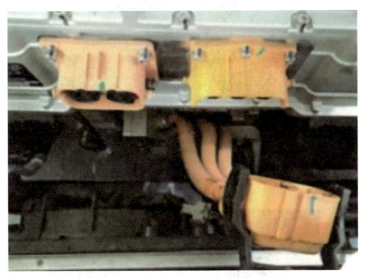

图 3-18　断开 PEU 高压接插件

（3）断开驱动电机旋变传感器接插件，并进行简单固定，防止在电机拆卸过程中损坏接插件（图 3-19）。

（4）拆下 PEU 高压和低压接插件，拆下冷却水管，如图 3-20 所示。

（5）拆卸 PEU 总成左侧的正负极螺栓。

图 3-19　断开驱动电机的旋变传感器接插件

图 3-20　拆卸 PEU 总成的冷却水管

（6）拆卸 PEU 总成螺栓（图 3-21），两位技师配合将 PEU 从车上取下（图 3-22），平稳放置在工作台上。

图 3-21　拆卸 PEU 总成螺栓

图 3-22　取下动力电子单元（PEU）

3. 安装动力电子单元（PEU）及其附件

按照拆卸的相反顺序安装 PEU。大多数车型更换电机控制器后，需要使用专用仪器进行防盗匹配，请按照维修手册的要求进行 PEU 更换后的匹配操作。

任务 3.1　电机控制器的认知与更换任务工单

学生姓名		班级		学号	
实训场地		学时		日期	
任务	掌握驱动电机控制器的更换步骤。				
实训设备	（1）防护装备：防护用品一套（工作服、绝缘劳保鞋、护目镜、绝缘头盔、绝缘手套）。 （2）车辆、台架、总成：比亚迪 e5 或其他纯电动汽车。 （3）专用工具、设备：工量具、拆装专用工具。 （4）手工工具：新能源汽车维修组合工具。 （5）辅助材料：高压电维修警示牌和设备、绝缘地胶、二氧化碳类型灭火器、清洁剂。				
任务要求	能完成电机控制器的检测与更换。				
相关信息	根据教材中的信息，完成以下内容。 （1）驱动电机控制器的功能是什么？ （2）驱动电机控制器的安装位置在哪里？其结构和特点是什么？				

计划与决策	请根据任务要求，确定所需要的场地和物品，并对小组成员进行合理分工，制订详细的工作计划。 一、人员分工 小组编号：　　　　组长： 小组成员： 我的任务： 二、准备场地及物品 检查并记录完成任务需要的场地、设备、工具及材料。 1. 场地 检查工作场地是否清洁及存在安全隐患，如不正常，请汇报老师并及时处理。 记录： 2. 车辆、充电桩、总成、工件 车辆： 充电桩： 其他： 3. 设备、工具及材料 防护装备： 设备及工具： 4. 安全要求及注意事项 （1）实训汽车停在实训工位上，没有经过老师批准不准启动，经老师批准后启动，首先应检查车轮的安全顶块是否放好，手制动是否拉好，排挡杆是否放在 P 挡（A/T），车前有没有人。 （2）禁止触碰任何带有安全警示标识的部件： （3）实训期间禁止嬉戏打闹。 三、制订工作方案 根据任务，小组进行讨论，确定工作方案（流程/工序），并做好记录。

实施与检查	根据制订的计划实施，完成以下任务并记录。 （1）比亚迪 e5 纯电动汽车驱动电机控制器总成拆卸。 操作记录： （2）比亚迪 e5 纯电动汽车驱动电机控制器总成安装。 操作记录：
评估	根据任务完成情况，学生自我评分，教师或指定组长在过程巡视/验收检查时，发现问题直接扣分。 | 评估项目（分值）	自我评估	小组评估	教师评估
---	---	---	---
相关信息（5）			
决策与计划（5）			
实施与检查（10）			
合计（20）			
总评				

项目 3 驱动电机控制器的结构与检修

任务 3.2 电机控制器的故障检修

学习目标

（1）掌握电机控制器的常见故障处理措施。

（2）掌握插头各端子电阻、电压的检测方法。

（3）了解电机控制器主要数据流的含义。

（4）能够读取电机控制器故障码并进行故障分析。

（5）能够分析电机控制器的数据流及规范，完成控制器外部端子的测量。

（6）具有团队合作意识，能共同完成电机控制器的更换任务。

（7）能够严格执行新能源汽车维修规范，养成严谨科学的工作态度。

知识储备

电机控制器出现故障时，整车通常表现为高压系统无法上电（READY 或 OK 灯不亮），或者高压系统可以

扫一扫
电机控制器的故障诊断

扫一扫
使用故障诊断仪

上电，但是挂入 D 挡或 R 挡后，车辆无法行驶，仪表报"请检查动力系统"。维修技师检修此类故障时，需要使用故障诊断仪器进入"电机控制器"模块读取故障码和数据流。此时有两种情况，一种是"系统无应答"，诊断仪器无法与电机控制器进行通信，需要进行全面诊断；另一种是可进入相应模块读取故障码，根据故障码进行诊断。

一、电机控制器的常见故障

电机控制器的常见故障类型主要有电机控制器通信故障、驱动电机旋变信号故障、电机转子偏移角故障、电机过温故障、电机控制器内部硬件故障、高压供电回路故障等。表 3-2 详细列出了故障现象和处理方法，维修时可以根据电动汽车的故障现象、故障码进行综合分析，采取相应的检修措施。

表 3-2　电机控制器的常见故障现象与处理方法

序号	故障原因	故障描述	处理方法
1	电机控制通信故障	车辆无法上电，诊断仪器无法与电机控制器通信，从其他控制单元可以读取与 MCU 无法通信的故障码	查询电路图，检查电机控制器插头端子是否安装到位，插头针脚是否接触不良，检查电机控制器插接器的电源、搭铁及 CAN 通信总线是否正常，如果以上均正常，则更换电机控制器
2	驱动电机旋变信号故障	诊断仪器读取电机控制器的故障码可能读取到以下类似故障： （1）正弦/余弦输入信号超过电压阈值 （2）正弦/余弦输入信号低于电压阈值 （3）配置错误、奇偶校验错误、锁相错误 （4）电机超速故障	查询电机控制器的旋转变压器线路图，检测电机旋变传感器的正弦、余弦、励磁电阻值，检测驱动电机旋变信号屏蔽线路，检测励磁信号线路，检测正弦、余弦信号线路，必要时替换旋变传感器或电机控制器
3	电机转子偏移角故障	诊断仪器读取电机控制器的故障码可能读取到以下类似故障： （1）初始位置标定处于加速阶段，加速至阈值频率的时间超过时间阈值 （2）offset 角不合理故障	使用诊断仪读取电机当前转子偏移角，检查偏移角是否在标准范围内。如果不在标准范围内，根据电机铭牌上的标准值，使用诊断仪器重新标定转子偏移角
4	电机过温故障	冷却液过温故障，定子温度最大值超过阈值，定子温度最小值小于阈值	检查冷却液是否充足，检查冷却液泵是否正常，检测驱动电机信号屏蔽线路，检查电机温度传感器，必要时替换电机控制器

续表

序号	故障原因	故障描述	处理方法
5	电机控制器内部硬件故障	挂挡后无法行驶，诊断仪器可能读取电机控制器如下故障码：U 相/V 相/W 相 IGBT 温度值大于（或小于）阀值，或者任意两相温度之差大于（或小于）阀值，IGBT 过温故障等	观察诊断仪器的 IGBT 温度数据流。对比电机冷却液温度数据流，如果冷却液温度正常，IGBT 温度异常，则更换电机控制器
		诊断仪器可能读取电机控制器如下故障码：U 相/V 相/W 相电流过大或过小，三相电流之和不合理故障，电流幅值不合理故障，电流中心线偏移量不合理故障等	更换电机控制器
		诊断仪器可能读取电机控制器如下故障码：主动放电超时	在高压下电以后，电机控制器进入主动放电模式，对电容器进行放电。如果出现放电超时故障码，则更换电机控制器
6	电机控制器高压供电回路故障	车辆无法上电，诊断仪器可能读取电机控制器如下故障码：高压端欠电压检测、高压端过电压检测	确认高压配电箱内的高压熔断器无烧断。观察诊断仪器的数据流，通过对比 BMS 上报的电池电压与电机控制器上报的母线电压，判断两者的电压相差是否过大。如果相差过大，则更换电机控制器

1. 电机控制器通信故障

维修技师使用诊断仪器对全车控制单元进行扫描诊断，发现除驱动电机控制器无法通信外，其余控制单元均可以正常通信，这类故障称为电机控制器通信故障。维修技师应认真检查电机控制器低压接插件相关的引脚是否松脱、氧化，若无异常，可使用数字式万用表或示波器检查电机控制器的电源、接地、CAN 通信等。

以吉利 EV450 为例，出现电机控制器通信故障以后，车辆无法行驶，组合仪表动力系统故障指示灯、驱动电机故障指示灯、防滑故障指示灯点亮。对该车故障现象进行初步分析，可能的故障原因：电机控制器低压供电回路故障、电机控制器 CAN 总线故障、电机控制器故障。然后开始执行诊断步骤：

（1）检查蓄电池电压。操作启动开关并使电源模式置于OFF状态。用数字式万用表测量蓄电池电压，标准电压值为11～14 V，实际电压值为12.5 V，确认测量值是否符合标准。

（2）查询电机控制器（MCU）的线路图，尤其要仔细分析电机控制器的电源、搭铁和通信线路，如图3-23所示。

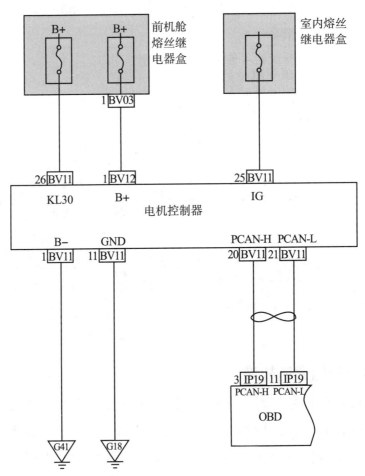

图3-23　吉利EV450电机控制器通信线路简图

（3）检查电机控制器的低压供电熔丝。操作启动开关使电源模式置于OFF状态，拔下前机舱熔丝继电器盒内的7.5 A熔丝EF32，以及室内熔丝继电器盒内的10 A熔丝IF18，检查熔丝是否熔断，使用数字式万用表测量熔丝两端的电阻值，标准值小于1 Ω，确认测量值是否符合标准。如果熔丝熔断则更换额定容量的熔丝，并分析和检查熔丝熔断的原因。

（4）检查电机控制器电源电压。操作启动开关并使电源模式置于 OFF 状态。断开电机控制器线束插接器 BV11（图 3-24（a）），使用数字式万用表测量电机控制器线束插接器端子 26（图 3-24（b））和车身接地之间的电压值，标准值为 11～14 V，确认电压值是否符合标准。操作启动开关使电源模式置于 ON 状态，用万用表测量电机控制器线束插接器端子 25 和车身接地之间的电压值，标准电压值为 11～14 V，确认电压值是否符合标准。

（a）断开低压插头

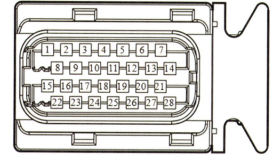
（b）电机控制器 BV11 插头针脚说明

图 3-24　吉利 EV450 驱动电机控制器低压插头

（5）检查电机控制器接地电阻。操作启动开关使电源模式置于 OFF 状态。断开电机控制器线束插接器。使用数字式万用表分别测量电机控制器线束插接器端子 1 号、11 号与车身接地之间的电阻，标准电阻值应小于 1 Ω，确认电阻值是否符合标准。

（6）检查电机控制器的通信线路。操作启动开关使电源模式置于 OFF 状态，断开蓄电池负极，断开电机控制器线束插接器，用万用表测量电机控制器线束插接器端子 21 和诊断接口端子 11 之间的电阻，标准电阻值为小于 1 Ω。用万用表测量电机控制器线束插接器端子 20 和诊断接口端子 3 之间的电阻，标准电阻值为小于 1 Ω，确认测量值是否符合标准。

（7）进行 P-CAN 网络完整性检查。操作启动开关使电源模式置于 OFF 状态，断开蓄电池负极。用万用表测量诊断终端接口端子 3 和端子 11 之间的电阻值，标准电阻值为 55～67.5 Ω，确认测量值是否符合标准。

如果以上检测数值均正常，则更换驱动电机控制器。

2. 电机控制器内部硬件故障

电机控制器内部硬件故障所表现出来的故障码多种多样，例如驱动电机控制器 IPM 温度采样异常、驱动电机控制器 IPM 故障、驱动电机控制器霍尔式电流传感器 A（或 B 或 C）故障、驱动电机缺 A 相（或 B 相或 C 相）、驱动电机控制器 EEPROM 错误、驱动电机控制器电压采样故障、驱动电机过电流故障等。

（1）驱动电机控制器霍尔式电流传感器 A（或 B 或 C）故障电动车辆表现为高压无法上电，仪表报"请检查动力系统"，使用诊断仪器读取电机控制器的故障码为"霍尔式电流传感器 A 故障""霍尔式电流传感器 B 故障""霍尔式电流传感器 C 故障"。

对于此类故障，维修技师应尽可能获取该车维修资料中关于这类故障的维修技术信息。使用诊断仪器尝试清除故障码，确认故障码是否会重现。查询驱动电机控制器的程序版本信息，在有新版本的前提下尝试对控制器软件进行升级。如果故障码仍然存在，则拆卸驱动电机控制器，检查霍尔式电流传感器的线路是否正常，必要时替换霍尔式电流传感器。如果霍尔式电流传感器和线路正常，则更换电机控制器。

（2）IGBT 过温警告、IPM 散热器过温故障使用诊断仪器尝试清除故障码，确认故障码是否会重现。查询驱动电机控制器的程序版本信息，在有新版本的前提下尝试对控制器软件进行升级。读取电机控制器的数据流，确认相关温度数值是否异常，如 IGBT 温度、IPM 散热器温度、电机温度等。观察诊断仪器的 IGBT 温度数据流，对比电机冷却液温度数据流，如果冷却液温度正常，IGBT 温度异常，则更换电机控制器。

检查电机冷却回路，重点检查电机冷却液泵及各冷却系统接口的运行情况，可用手捏下管路和电机确认，检查冷却水管是否正常连接，使用万用表检查电机冷却液泵的相关线路是否正常。检查冷却液温度传感器是否正常，确认安装到位。

若以上均正常，则更换驱动电机控制器。

（3）驱动电机缺 A 相（或 B 相、C 相）故障。电动车辆无法上电和行驶，组合仪表 OK 指示灯不会点亮。使用诊断仪器读取电机控制器的故障码："P1BC 200——前驱动电机缺 A 相""P1BC 300——前驱动电机缺 B 相""P1BC 400——前驱动电机缺 C 相"。

①操纵点火开关置于 OFF 状态，断开蓄电池负极，冷车 10 min，拆除驱动电机控制器与驱动电机三相铜排连接处端盖，使用微欧计测量驱动电机 U—V 相 /U—W 相 /V—W 相之间的直流电阻，确认阻值是否在 38 mΩ 左右；若阻值正常，则进入步骤②；若阻值不正常，则进入步骤③。

②更换驱动电机控制器，整车上电，观察能否点亮 OK 指示灯。使用专用诊断仪器读取故障码，若故障码不存在，则对电机控制器进行零位标定操作。

③更换驱动电机总成，整车上电，观察能否点亮 OK 指示灯，并使用诊断仪读取故障码，确认故障码不再出现。

二、更换电机控制器后的匹配

比亚迪 e5 电机控制器（VTOG）带有防盗功能，即在整车上电之前（OK 灯点亮），电机控制器也需要对码。更换电机控制器后，如果未进行匹配，整车将无法上电。

在更换电机控制器时，使用比亚迪专用仪器先对原车的电机控制器（VTOG）进行密码清除，然后再将换上的备件进行防盗编程。诊断仪器附加功能中的"防盗匹配"项目，有"电机控制器编程""电机控制器密码清除"，维修技师可以根据仪器中的提示进行操作。

三、电机控制器典型案例

1. 比亚迪 e6 挂挡后无法行驶

故障现象：比亚迪 e6 可以正常上电，仪表 OK 灯能够点亮，但是挂 D 位及 R 位时，挡位显示正常，踩下加速踏板，车辆无反应，无法正常行驶。

故障诊断与维修：使用诊断仪器读取电机控制器（VTOG）的故障码为"P1B3200（GTOV 电感温度过高）"。尝试清除故障码，故障码可以清除，但是车辆仍然无法行驶。读取电机控制器的数据流,发现电感温度数据流异常,见表3-3和表3-4。

表3-3 电机控制器的数据流(1)

序号	项目	数据流
1	电机温度	10 ℃
2	IGBT 最高温度	29 ℃
3	电感最高温度	无效值
4	IPM 散热器温度	17 ℃

注:IPM(intelligent power module)指智能功率模块,IGBT指绝缘栅双极型晶体管,VTOG指双向逆变式电机控制器模块。IPM把功率开关器件(IGBT)和驱动电路集成在一起,而且内部有过电压、过电流和过温等故障检测电路,并可将检测信号送到CPU。

表3-4 电机控制器的数据流(2)

序号	项目	数据流
1	电机温度	10 ℃
2	IGBT 最高温度	29 ℃
3	电感最高温度	160 ℃
4	IPM 散热器温度	17 ℃

根据以上数据流分析,电感温度过高导致电机控制器进入热保护模式,初步判断 VTOG 内部故障。

故障排除:更换双向逆变器 VTOG 总成后,故障排除,车辆可以正常挂挡行驶。

2. 比亚迪 e6 挂挡后无法行驶

故障现象:比亚迪 e6 可以正常上电,仪表 OK 灯能够点亮,组合仪表显示屏出现"请检查动力系统"的故障信息。挂挡及 R 挡时,挡位显示正常,踩下加速踏板,车辆无反应,无法正常行驶。

故障诊断与维修:使用诊断仪器读取电机控制系统的故障码"P1B0000——驱动 IPM 故障""P1B0A00——电机缺相故障"。

项目 3 驱动电机控制器的结构与检修

尝试清除故障码,再次读取电机控制器的故障码,只剩下 P1B0A00(电机缺相故障)。根据故障码的提示,操作点火开关置于 OFF 位置,断开蓄电池负极,使用微欧表测量驱动电机 U 相、V 相、W 相任意两相之间的电阻值,所测得的数值相差不大(38 mΩ 左右)。观察高压蓄电池管理器(BMS)的数据流,确认主接触器已经正常闭合,初步判断电机控制器内部故障。

故障排除:更换电机控制器 VTOG 后,故障排除。

思考与讨论

正确查询汽车技术资料及论文,实现汽车技术水平的快速提升

小林上网想搜索电动汽车永磁同步直流无刷电机论文,可是百度搜索总是显示有关永磁同步电机的一堆广告,遇到这种情况不如尝试以下小技巧:

(1)在搜索词上加引号,如"永磁同步电机"可屏蔽广告;

(2)在搜索词上加横杠,如"永磁 - 电机"可缩小范围;

(3)在搜索词前加"intitle",如"intitle 永磁同步电机"就可进行精准搜索;

(4)在搜索词后加"filetype:pdf"可进行精准 PDF 文件类型搜索,如:"永磁同步电机 filetype:pdf";

请同学们马上试一试添加"filetype:ppt"及"filetype:doc"。测试自身汽车资料查询水平是否有了提高。

任务 3.2　电机控制器的故障检修任务工单

学生姓名		班级		学号	
实训场地		学时		日期	
任务	能初步判断驱动电机控制器发生的故障并进行检测。				
实训设备	（1）防护装备：防护用品一套（工作服、绝缘劳保鞋、护目镜、绝缘头盔、绝缘手套）。 （2）车辆、台架、总成：吉利帝豪 EV450 和比亚迪 e6。 （3）专用工具、设备：万用表、拆装专用工具。 （4）手工工具：新能源汽车维修组合工具。 （5）辅助材料：高压电维修警示牌和设备、绝缘地胶、二氧化碳类型灭火器、清洁剂。				
任务要求	完成对驱动电机管理系统的检测。				
相关信息	根据教材中的信息，完成以下内容。 （1）驱动电机控制器是如何进行自检的？ （2）驱动电机控制器如何进行检测？ 				

项目3 驱动电机控制器的结构与检修

计划与决策	请根据任务要求，确定所需要的场地和物品，并对小组成员进行合理分工，制订详细的工作计划。 一、人员分工 小组编号：　　　　组长： 小组成员： 我的任务： 二、准备场地及物品 检查并记录完成任务需要的场地、设备、工具及材料。 1.场地 检查工作场地是否清洁及存在安全隐患，如不正常，请汇报老师并及时处理。 记录： 2.车辆、充电桩、总成、工件 车辆： 充电桩： 其他： 3.设备及工具 防护装备： 设备及工具： 4.安全要求及注意事项 （1）实训汽车停在实训工位上，没有经过老师批准不准启动，经老师批准后启动，首先应检查车轮的安全顶块是否放好，手制动是否拉好，排挡杆是否放在P挡（A/T），车前有没有人。 （2）禁止触碰任何带有安全警示标识的部件； （3）实训期间禁止嬉戏打闹。 三、制订工作方案 根据任务，小组进行讨论，确定工作方案（流程/工序），并做好记录。

实施与检查	根据制订的计划实施，完成以下任务并记录。 （1）吉利帝豪 EV450 电机控制器高压线缆的电流测量。 操作记录： （2）比亚迪 e6 电机控制器高压电源检测。 操作记录：
评估	根据任务完成情况，学生自我评分，教师或指定组长在过程巡视/验收检查时，发现问题时直接扣分。 | 评估项目（分值）	自我评估	小组评估	教师评估
---	---	---	---
相关信息（5）			
决策与计划（5）			
实施与检查（10）			
合计（20）			
总评				

项目 4

驱动电机冷却系统原理与检修

新能源汽车以动力蓄电池组作为储能装置，以驱动电机作为动力输出装置，动力蓄电池组的充放电会产生热量，驱动电机把电能转化为机械能的过程中也会产生热量，热量的堆积会影响驱动电机的输出功率，增加动力蓄电池组发生自燃等危险的概率。因此，驱动电机冷却系统对新能源汽车的性能发挥和安全性具有重要作用。通过本项目的学习，学生应能准确讲述常用驱动电机冷却系统的组成及工作原理；能按照生产厂家的技术规范对常用驱动电机冷却系统零部件进行更换；能针对驱动电机冷却系统常见故障进行诊断与排除。

任务 4.1　驱动电机冷却系统结构与原理

学习目标

（1）能够叙述对新能源汽车驱动电机冷却系统的要求。
（2）能够讲述驱动电机冷却系统的分类。
（3）能够理解驱动电机冷却系统的结构及原理。
（4）具有团队合作意识，共同完成电机控制器的更换任务。
（5）能够严格执行新能源汽车维修规范，养成严谨科学的工作态度。

知识储备

一、驱动电机冷却系统概述

新能源汽车驱动系统工作时，电机控制器和驱动电机均工作在高电压、高电流、大负荷工况下。电机控制器的主要生热器件是输出级的功率绝缘栅型双极场效应晶体管 MOSFET 器件。这些功率模块的损耗主要包括晶体管工作时的导通损耗、关断损耗、通态损耗、截止损耗和驱动损耗，这些功率损耗都会转换成热能，通态损耗和关断损耗是电机控制器热量的主要来源。

驱动电机在运转过程中产生的热对电机的物理、电气和力学特性有着重要影响，当温度上升到一定程度时，电机的绝缘材料会发生本质上的变化，最终使其失去绝缘能力。另一方面，随着电机温度的升高，电机中金属构件的强度和硬度也会逐渐下降。由电子元器件组成的控制器，同样会由于温度过高而导致电子器件的性能下降，出现不利影响，如过高温度会导致半导体结点、电路损害、增加电阻，甚至烧坏元器件。

二、驱动电机冷却系统分类及原理

驱动电机内部由铁心和线圈组成,电机通电运行都会有不同程度的发热现象。线圈有电阻,通电会产生损耗,损耗大小与电阻和电流的二次方成正比,这就是铜损。铁心有磁滞涡流效应,在交变磁场中也会产生损耗,其大小与材料、电流、频率、电压有关,这就是铁损。铜损和铁损都会以发热的形式表现出来,从而影响电机的效率。

驱动电机在工作时,总是有一部分损耗转变成热量,它必须通过驱动电机外壳和周围介质不断将热量散发出去,这个散发热量的过程叫作冷却。驱动电机主要的冷却方式有自然冷却、风冷和水冷,各类型冷却系统的原理及优缺点见下表。

表 4-1 各类型冷却系统的原理及优缺点

类型	原理	优缺点
自然冷却	自然冷却依靠电机铁芯自身的热传递,散去电机产生的热量,热量通过封闭的机壳表面传递给周围介质,其散热面积为机壳的表面,为增大散热面积,机壳表面可加冷却筋	结构简单,不需要辅助设施就能实现,但自然冷却效率差,仅适用于转速低、负载转矩小、电机发热量较小的小型电机
风冷	电机自带同轴风扇来形成内风路循环或外风路循环,通过风扇产生足够的风量,带走电机所产生的热量,介质为电机周围的空气,空气直接送入电机内,吸收热量后向周围环境排出	冷却效果好,可使用风冷却器,采用循环空气冷却器避免腐蚀物和磨粒,有利于提高电机的使用寿命;结构相对简单,电机冷却成本较低,但受环境因素的制约,如在高温、粉尘、污垢的环境下无法使用风冷。风冷一般适用于清洁、无腐蚀、无爆炸环境下的电机
水冷	将冷却液通过管道和通路引入定子或转子空心导体内部,通过循环的冷却液,带走电机转子和定子产生的热量,达到对电机的冷却功能	冷却效果比风冷更显著。但是,需要良好的机械密封装置,冷却液循环系统结构复杂,存在渗漏,如果发生冷却液渗漏,会造成电机绝缘破坏,可能烧毁电机,水质需要处理,其电导率、硬度和 pH 值都有一定的要求 水冷式电机主要应用于大型机组和高温、粉垢等无法使用自然冷却、风冷型电机的场合,如纺织、冶金、造纸等行业

比亚迪 e2、e5 车型驱动电机冷却系统均采用电动冷却循环系统、双风

扇散热器，安装在车辆前部。冷却系统将驱动电机和高压电控总成（内装电机控制器）串联在冷却循环回路中，如图4-1所示。

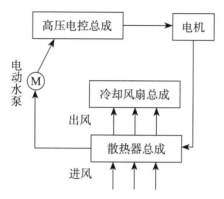

图4-1 驱动电机和高压电控总成（内装电机控制器）串联在冷却循环回路

吉利帝豪EV450驱动电机冷却系统如图4-2所示，驱动电机、电机控制器、车载充电机串联在冷却回路中。

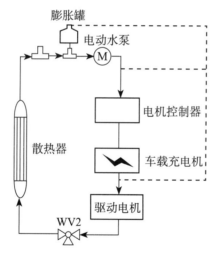

图4-2 驱动电机、电机控制器、车载充电机串联在冷却回路

电动冷却液泵由低压电路驱动，为冷却液的循环提供压力。

膨胀罐是一个透明塑料罐，通过冷却液管路与散热器相连接。冷却液随着温度的升高而膨胀，部分冷却液因膨胀从冷却系统中流回膨胀罐，散热器和冷却液管路中滞留的空气也被排入膨胀罐。

车辆停止，冷却液温度降低并收缩，先受热排出的冷却液则被吸回散热器，使散热器中的冷却液液面一直保持在合适的高度，并提高冷却效率。。

　　冷却风扇安装在车辆前部散热器的后方，可增加散热器和冷凝器的通风量，加快系统的冷却速度。目前一般采用双风扇，高低速控制模式。冷却风扇由整车控制器利用冷却风扇低速和高速两个继电器控制。在低速控制电路中，采用串联调节电阻的方式改变风扇转速。驱动电机冷却系统一般采用乙二醇型冷却液，冰点在 -40℃左右。禁止使用普通自来水代替冷却液。

项目 4 驱动电机冷却系统原理与检修 163

任务 4.1 驱动电机冷却系统结构与原理任务工单

学生姓名		班级		学号	
实训场地		学时		日期	
任务	熟悉驱动机冷却系统各零部件。					
实训设备	（1）防护装备：防护用品一套（工作服、绝缘劳保鞋、护目镜、绝缘头盔、绝缘手套）。 （2）车辆、台架、总成：比亚迪 e5 和吉利帝豪 EV450。 （3）专用工具、设备：拆装专用工具。 （4）手工工具：新能源汽车维修组合工具。 （5）辅助材料：高压电维修警示牌和设备、绝缘地胶、二氧化碳类型灭火器、清洁剂。				
任务要求	熟悉各类车型的驱动电机冷却系统电路简图。				
相关信息	根据教材中的信息，完成以下内容。 （1）简述各类型冷却系统的组成、特点及应用。 （2）比亚迪 e2、e5 车型驱动电机冷却系统与吉利帝豪 EV450 驱动电机冷却系统有什么区别？				

计划与决策	请根据任务要求，确定所需要的场地和物品，并对小组成员进行合理分工，制订详细的工作计划。 一、人员分工 小组编号：　　　　　组长： 小组成员： 我的任务： 二、准备场地及物品 检查并记录完成任务需要的场地、设备、工具及材料。 1. 场地 检查工作场地是否清洁及存在安全隐患，如不正常，请汇报老师并及时处理。 记录： 2. 车辆、充电桩、总成、工件 车辆： 充电桩： 其他： 3. 设备及工具 防护装备： 设备及工具： 4. 安全要求及注意事项 （1）实训汽车停在实训工位上，没有经过老师批准不准启动，经老师批准后启动，首先应检查车轮的安全顶块是否放好，手制动是否拉好，排挡杆是否放在 P 挡（A/T），车前有没有人。 （2）禁止触碰任何带有安全警示标识的部件。 （3）实训期间禁止嬉戏打闹。 三、制订工作方案 根据任务，小组进行讨论，确定工作方案（流程/工序），并做好记录。

实施与检查	根据制订的计划实施，完成以下任务并记录。 （1）根据比亚迪 e5 实车，绘制驱动电机冷却系统的电路简图。 记录： （2）根据吉利帝豪 EV450 实车，绘制驱动电机冷却系统的电路简图。 操作记录：

评估	根据任务完成情况，学生自我评分，教师或指定组长在过程巡视/验收检查时，发现问题直接扣分。			
	评估项目（分值）	自我评估	小组评估	教师评估
	相关信息（5）			
	决策与计划（5）			
	实施与检查（10）			
	合计（20）			
	总评			

项目 4　驱动电机冷却系统原理与检修

任务 4.2　驱动电机冷却系统一般保养与维修

学习目标

（1）能够正确举升车辆和进行高压上、下电操作。

（2）能够正确进行驱动电机冷却系统冷却液液位、冷却液冰点、冷却液管路检查及冷却液的更换操作。

（3）能够正确进行驱动电机冷却系统膨胀罐、加水软管、散热器通风管、散热器进/出水管、电动冷却液泵、冷却风扇和散热器等零部件或总成的更换操作。

（4）具有团队合作意识，共同完成电机控制器的更换任务。

（5）能够严格执行新能源汽车维修规范，养成严谨科学的工作态度。

知识储备

一、驱动电机冷却系统一般保养

（一）驱动电机冷却液液位检查

（1）打开前机舱盖，找到如图 4-3 所示的驱动电机冷却系统膨胀罐，检查膨胀罐内冷却液液位是否位于 F 和 L 之间。

（2）打开图 4-3 中箭头指示的加注口盖，查看冷却液是否浑浊。

注意：应在冷却系统彻底冷却后再打开加注口盖，处于散热状态时切勿打开，以免烫伤。如果冷却液不在规定范围内，应添加；如果冷却液浑浊，应更换。

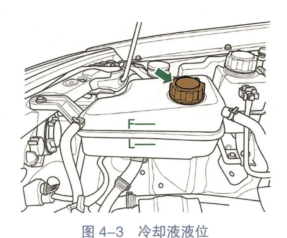

图 4-3 冷却液液位

（二）驱动电机冷却液冰点检查

驱动电机冷却液冰点检查方法如图 4-4 所示。检测冷却液的冰点时，取少许冷却液样品涂于冰点测试仪比重计 s 观测口；通过冰点测试仪观测口查看冷却液冰点值。观测口中有明显的蓝白分界线，上部为蓝色，下部为白色，分界线对应的刻度就是测量的结果。

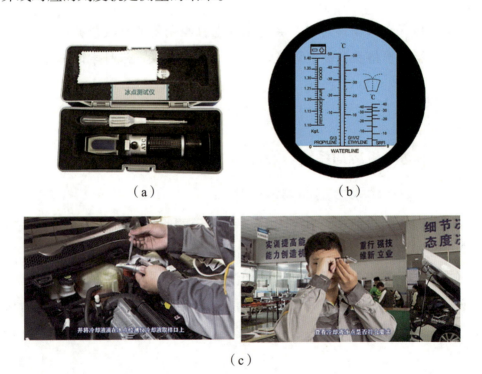

图 4-4 驱动电机冷却液冰点检查方法

(三)驱动冷却液管路检查

目视检查驱动系统的冷却管路及管路与零部件的接口处是否泄漏,冷却液根据规定需要配备醒目的颜色,确保泄漏时能目视发现。用手捏冷却液管,看冷却液管是否存在老化、硬化等不良现象。

(四)驱动电机冷却液更换

(1)打开膨胀罐冷却液加注口盖。

(2)举升车辆,断开如图4-5(a)所示的散热器出水管,使用容器收集排放出的冷却液。

(3)冷却液排放完毕后,连接散热器出水管,并检查冷却管路连接是否完整。

(4)使用故障诊断仪进入加注初始化状态,具体操作如下:将车辆启动开关置于ON挡,且非充电状态,连接故障诊断仪(以吉利帝豪EV450为例),"选择车型→手动选择系统→空调控制器(AC)→特殊功能",选择加注初始化,车辆处于加注初始化状态。

(5)打开膨胀罐加注盖,如图4-5(b)所示,缓慢加注冷却液,直至膨胀罐内冷却液达到80%,且液位不再下降。

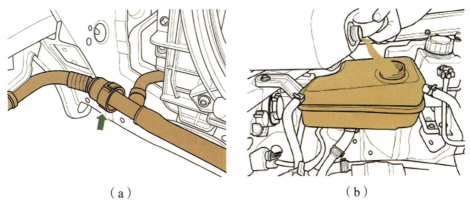

图4-5 驱动电机冷却液更换

(6)进行冷却系统排气操作,具体操作如下:连接故障诊断仪,使车辆处于排气状态,如果液位下降应及时补充冷却液,排气过程时长不小于10 min。

（7）观察膨胀罐内冷却液是否下降，并及时补充冷却液，确保冷却液液位处于F和L之间。

（8）拧紧膨胀罐加注盖，使用故障诊断仪将车辆恢复默认模式。

注意：

（1）冷却液不能重复使用或混合使用，也不能更换不同颜色的冷却液。

（2）只能使用厂家认可的、符合国家标准的冷却液。

（3）必须按标准加注。

（4）禁止使用磷酸盐和硝酸盐作为防腐剂的冷却液。

（5）在热带气候的南方，必须使用高沸点的冷却液。

（6）在寒冷的北方，必须保证冷却液防冻温度低至约-25℃（高寒地域低至约-35℃）。

二、驱动电机冷却系统维修

（一）膨胀罐更换

注意：拆卸或安装水管环箍时，都应使用专用的环箍钳。

（1）打开前机舱盖。

（2）待冷却液温度低时，打开膨胀罐盖，释放冷却系统压力，举升车辆并排放冷却液。

注意：冷却液高温时，不要执行该操作以免造成烫伤。

（3）脱开如图4-6所示的散热器通气软管1的环箍（膨胀罐侧），拔下膨胀罐侧散热器通气软管1。

（4）脱开如图4-6所示的散热器通气软管2的环箍（膨胀罐侧），拔下膨胀罐侧散热器通气软管2。

（5）脱开如图4-6所示的散热器通气软管3的环箍（膨胀罐侧），拔下膨胀罐侧散热器通气软管3。

注意：水管脱开前，应在车辆底部放置容器，接住防冻液以免污染地面。

（6）拆卸如图4-6所示的膨胀罐前后的安装螺栓4，取下膨胀罐。

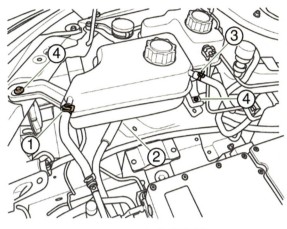

图 4-6 膨胀罐更换

安装步骤按照与拆卸相反的顺序进行，最后参照驱动电机冷却液更换方法执行冷却液加注程序。

（二）加水软管更换

（1）打开前机舱盖待冷却液温度较低时，打开膨胀罐盖释放冷却系统压力，举升车辆并排放冷却液。

（2）拆卸如图 4-7 所示的加水软管环箍（膨胀罐侧），并从膨胀罐上脱开加水软管。

（3）拆卸如图 4-7 所示的加水软管环箍（冷却液泵侧），并从膨胀罐上脱开加水软管。

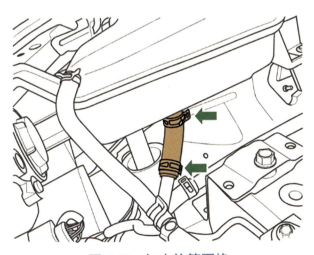

图 4-7 加水软管更换

（4）取下加水软管。

安装步骤按照与拆卸相反的顺序进行，最后参照驱动电机冷却液更换方法加注冷却液。

（三）散热器通风软管更换

（1）打开前机舱盖，待冷却液温度低时，打开膨胀罐盖释放冷却系统压力，举升车辆并排放冷却液。

（2）拆卸如图4-8所示的两个环箍，并取下散热器通风管。

安装步骤按照与拆卸相反的顺序进行，最后参照驱动电机冷却液更换方法加注冷却液。

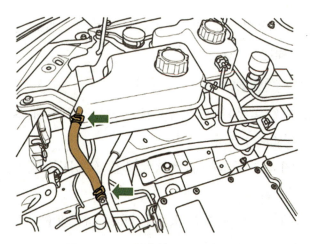

图4-8　散热器通风软管更换

（四）散热器出水管更换

（1）打开前机舱盖，待冷却液温度降低后，打开膨胀罐盖，释放冷却系统压力，举升车辆并排放冷却液。

（2）断开如图4-9（a）所示的散热器出水管。

注意：断开出水管时，使用容器收集散热器内残留的冷却液。

（3）按压图4-9（b）箭头处的热交换器与散热器连接管路接头的卡扣，向外拔出冷却液连接管路。

注意：拔开连接管路接头时，使用容器收集散热器和热交换器内残留的冷却液。

（4）使用环箍钳松开如图 4-9（c）所示的驱动电机冷却液泵与散热器冷却液管路环箍，取下水管。

安装步骤按照与拆卸相反的顺序进行，最后参照驱动电机冷却液更换方法加注冷却液。

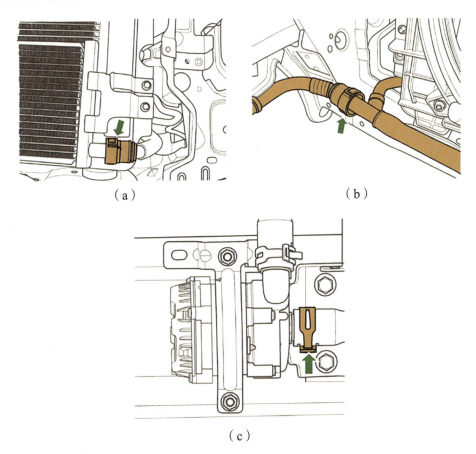

图 4-9　散热器出水管更换

（五）散热器进水管更换

（1）打开前机舱盖，待冷却液温度低时，打开膨胀罐盖释放冷却系统压力，举升车辆并排放冷却液。

（2）脱开散热器进水管。

（3）按压图 4-10 箭头处的散热器进水管管路接头卡扣，并从散热器上脱开散热器进水管，取下散热器进水管。

安装步骤按照与拆卸相反的顺序进行，最后参照驱动电机冷却液更换方法执行冷却液加注程序。

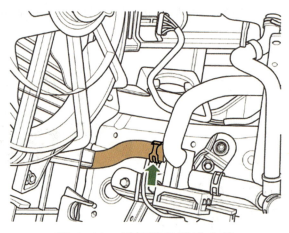

图4-10　拆卸散热器进水管

（六）电动冷却液泵更换

拆卸步骤：

（1）打开前机舱盖，待冷却液温度降低后，打开膨胀罐盖，释放冷却系统压力，举升车辆并排放冷却液。

（2）断开蓄电池负极电缆。

（3）断开电动冷却液泵线束插接器。

（4）使用环箍钳松开如图4-11（a）所示的散热器出水管和电机控制器进水管环箍，从电动冷却液泵上脱开散热器出水管和电机控制器总成进水管。

（5）拆卸如图4-11（b）所示的电动冷却液泵紧固螺栓。

注意：水管脱开前，应在车辆底部放置容器，接住冷却液，以免污染地面。

安装按照与拆卸相反的顺序进行。电动冷却液泵和管路安装完毕后，添加冷却液，连接蓄电池负极。将故障诊断仪连接到车辆OBD接口，执行冷却液加注初始化及排气程序。冷却液泵开始工作后，观察膨胀罐冷却液液面，如果下降，则添加冷却液到最高刻度位置。

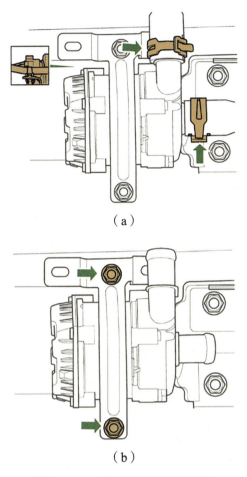

(a)

(b)

图 4-11　电动冷却液泵更换

（七）冷却风扇更换

（1）打开前机舱盖，断开蓄电池负极，待冷却液温度降低后，打开膨胀罐盖，释放冷却系统压力，举升车辆并排放冷却液。

（2）拆卸前保险杠上饰板。

（3）断开如图 4-12（a）所示的冷却风扇的 2 个线束插接器，脱开线束固定卡扣。

（4）拆卸如图 4-12（b）所示的 2 颗冷却风扇紧固螺栓，脱开 3 个高压线束卡扣。

（5）拆卸如图 4-12（c）所示的冷却风扇紧固螺栓，并向上取出冷却风扇。

安装按照与拆卸相反的顺序进行。冷却风扇和管路安装完毕后，添加冷却液，连接蓄电池负极。将故障诊断仪连接到车辆OBD接口执行冷却液加注初始化及排气程序。冷却液泵开始工作后，观察膨胀罐冷却液液面，如果下降，则添加冷却液到最高刻度位置。

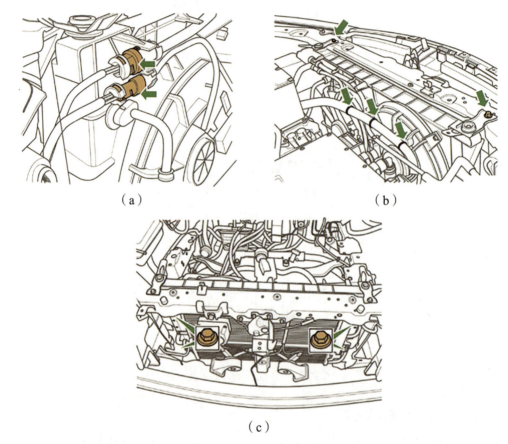

图4-12 冷却风扇更换

（八）散热器总成更换

拆卸步骤：

（1）打开前机舱盖，断开蓄电池负极，待冷却液温度较低时，打开膨胀罐盖，释放冷却系统压力，举升车辆并排放冷却液。

（2）拆卸前保险杠上饰板。

（3）断开如图4-13（a）所示的散热器进水管①。

（4）拆卸如图4-13（a）所示的冷却风扇总成与散热器紧固螺栓。

注意：水管脱开前，应在车辆底部放置容器，接住冷却液，以免污染地面。

（5）断开如图4-13（b）所示的散热器出水管①。

（6）拆卸如图4-13（b）所示的冷却风扇总成与散热器紧固螺栓，向外取出散热器总成。

注意：小心移动散热器，避免与其他部件磕碰，以免损坏散热器散热片。

安装按照与拆卸相反的顺序进行。冷却风扇和管路安装完毕后，添加冷却液，连接蓄电池负极。将故障诊断仪连接到车辆OBD接口，执行冷却液加注初始化及排气程序。冷却液泵开始工作后，观察膨胀罐冷却液液面，如果下降，则添加冷却液到最高刻度位置。

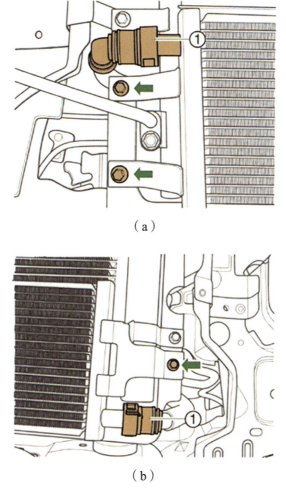

(a)

(b)

图4-13 散热器总成更换

任务 4.2　驱动电机冷却系统一般保养与维修任务工单

学生姓名		班级		学号	
实训场地		学时		日期	
任务	驱动电机冷却系统各零部件的拆卸与更换。				
实训设备	（1）防护装备：防护用品一套（工作服、绝缘劳保鞋、护目镜、绝缘头盔、绝缘手套）。 （2）车辆、台架、总成：吉利帝豪 E450 或其他纯电动汽车。 （3）专用工具、设备：拆装专用工具。 （4）手工工具：新能源汽车维修组合工具。 （5）辅助材料：高压电维修警示牌和设备、绝缘地胶、二氧化碳类型灭火器、清洁剂。				
任务要求	完成驱动电机冷却系统各零部件的拆卸与安装。				
相关信息	根据教材中的信息，完成以下内容。 （1）简述散热器通风软管的更换步骤。 （2）简述冷却风扇的更换步骤。 （3）简述散热器总成的更换步骤。				

计划与决策	请根据任务要求，确定所需要的场地和物品，并对小组成员进行合理分工，制订详细的工作计划。 一、人员分工 小组编号：　　　　组长： 小组成员： 我的任务： 二、准备场地及物品 检查并记录完成任务需要的场地、设备、工具及材料。 1. 场地 检查工作场地是否清洁及存在安全隐患，如不正常，请汇报老师并及时处理。 记录： 2. 车辆、充电桩、总成、工件 车辆： 充电桩： 其他： 3. 设备、工具及材料 防护装备： 设备及工具： 4. 安全要求及注意事项 （1）实训汽车停在实训工位上，没有经过老师批准不准启动，经老师批准后启动，首先应检查车轮的安全顶块是否放好，手制动是否拉好，排挡杆是否放在 P 挡（A/T），车前有没有人。 （2）禁止触碰任何带有安全警示标识的部件。 （3）实训期间禁止嬉戏打闹。 三、制订工作方案 根据任务，小组进行讨论，确定工作方案（流程／工序），并做好记录。

实施与检查	根据制订的计划实施，完成以下任务并记录。 （1）冷却水泵拆卸。 操作记录： （2）冷却水泵安装。 操作记录：
评估	根据任务完成情况，学生自我评分，教师或指定组长在过程巡视/验收检查时，发现问题直接扣分。 | 评估项目（分值）	自我评估	小组评估	教师评估
---	---	---	---
相关信息（5）			
决策与计划（5）			
实施与检查（10）			
合计（20）			
总评				

项目 4　驱动电机冷却系统原理与检修

任务 4.3　驱动电机冷却系统故障诊断

学习目标

（1）能够正确查询驱动电机冷却系统电路图。

（2）能够正确连接故障诊断仪进行故障码读取与清除。

（3）能够正确对驱动电机温度传感器、冷却液泵不工作和冷却风扇不工作引发的故障进行诊断。

（4）具有团队合作意识，共同完成电机控制器的更换任务。

（5）能够严格执行新能源汽车维修规范，养成严谨科学的工作态度。

知识储备

一、驱动电机冷却系统故障诊断

（一）驱动电机冷却系统故障确认

冷却系统故障征兆如表 4-2 所示。

表 4-2　冷却系统故障征兆

故障现象	故障分析	处理措施
冷却液泵工作时有异响（"嗡嗡"声）	首先分析车辆是在行驶中还是静止状态出现的异响，若两种情况均有，检查散热器内冷却液是否充足，补充后再进行试车；如果还存在异响，说明冷却液泵出现故障	补充冷却液；若补充后，冷却液泵声音仍然很大，则更换冷却液泵

续表

故障现象	故障分析	处理措施
仪表报驱动电机过热故障	①冷却液泵不工作或运转不顺畅； ②水道堵塞； ③冷却系统缺液； ④散热器外部过脏； ⑤散热器散热效果不佳，如散热器翅片发生变形，通风量降低等； ⑥冷却风扇不转	①检查冷却液泵电路部分，更换相应器件（熔丝、继电器、线束），更换冷却液泵； ②更换相关管路； ③补充冷却液； ④清理散热器表面脏污（如柳絮/杨絮、蚊虫等杂物）； ⑤更换散热器； ⑥检查冷却风扇供电电路

（二）温度传感器引发驱动电机过热故障诊断策略

电机驱动控制系统的温度传感器一般分为 NTC 和 PTC 两种类型，其中 NTC 温度传感器压阻值随温度下降而升高，PTC 温度传感器则相反。常见的温度传感器故障类型如表 4-3 所示。

表 4-3 常见的温度传感器故障类型

诊断项目	故障分析	诊断步骤
传感器线路接触不良或断开	电缆老化、连接器松动或损坏等	检查线路连接是否稳固。首先要检查传感器电缆接头的连接是否良好，依次检查整个电缆的长度，确保没有剥落或断开的导线，也要检查电缆外壳是否损坏
传感器信号失真	传感器内部的电路元件损坏或短路，或者信号线路受到了干扰	检查传感器信号是否正常。使用万用表或示波器等工具，依次检查传感器正常应输出的电压值或阻值，以确定信号是否失真
传感器电缆与外壳短路	电缆的绝缘损坏、导线短路或外壳损坏等	检查传感器电缆是否短路。使用万用表或绝缘测试仪等工具，依次检查传感器电缆两端之间，以及电缆与外壳之间的绝缘电阻，确保没有短路
传感器输出信号偏低或偏高	传感器的阻值不准确或失效	检查传感器阻值是否准确。使用万用表或专用测试仪器，依次测量传感器的阻值，与标准值比较
验证检测结果		从电机控制器或监测系统中获取与传感器相关的温度数据，以验证检测结果

(三)冷却液泵故障引发驱动电机过热故障诊断策略

冷却液泵不工作会导致冷却液无法在冷却系统中流动,从而造成高压系统过热。冷却液泵相关电路如图 4-14 所示。

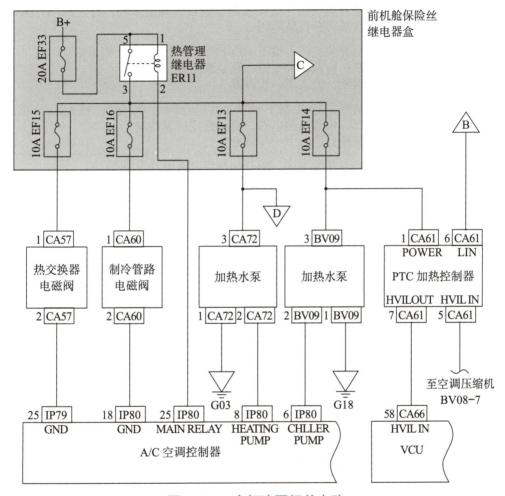

图 4-14 冷却液泵相关电路

冷却液泵不工作的诊断策略如表 4-4 所示。

表 4-4　冷却液泵不工作的诊断策略

诊断项目	诊断步骤
故障确认	启动开关关闭，连接故障诊断仪读取故障码，打开启动开关，确认是否存在故障码
检查整车控制器熔丝 EF13	启动开关关闭，拔下 10A EF13 熔丝，检查是否熔断， 熔断：检查相关电路，更换额定容量熔丝； 未熔断：进入下一步诊断
检查整车控制器熔丝 EF09 和 SF08	启动开关关闭，拔下 EF09（10）和 SF08（40）熔丝，检查是否熔断， 熔断：检查相关电路，更换额定容量熔丝； 未熔断：进入下一步诊断
检查加热冷却液泵电源	①启动开关关闭，断开加热冷却液泵线束插接器。 ②打开启动开关，使用万用表测量加热冷却液泵线束插接器的 3 号端子与可靠车身搭铁之间的电压，标准电压为 11～14V。 确认检查结果是否符合标准值， 不符合：维修或更换线束； 符合：进入下一步
检查加热冷却液泵接地是否可靠	①启动开关关闭，断开加热冷却液泵线束插接器。 ②打开启动开关，使用万用表测量加热冷却液泵线束插接器的端子 3 与可靠车身搭铁之间的电阻，标准电阻：小于 1Ω。 确认检查结果是否符合标准值， 不符合：维修或更换线束； 符合：进入下一步
检查电动冷却液泵控制线路	①启动开关关闭，断开冷却液泵线束插接器；断开空调控制器线束插接器。 ②打开启动开关，使用万用表测量冷却液泵线束插接器端子 2 和空调控制器线束插接器。端子 8 之间的电阻，标准电阻：小于 1Ω。 确认检查结果是否符合标准值， 不符合：维修或更换线束； 符合：进入下一步
更换冷却液泵	参照电动冷却液泵更换步骤更换冷却液泵。 检查故障是否排除， 未排除：更换空调控制器模块； 排除：诊断结束
诊断结束	

（四）冷却风扇低速挡不工作

冷却风扇不工作可能导致系统温度过高而引发控制单元发出警告，并存储故障码。

冷却风扇不工作分为低速挡不工作和高速挡不工作，这里以低速挡不工作为例介绍诊断策略。

冷却风扇相关的电路图如图 4-15 所示。

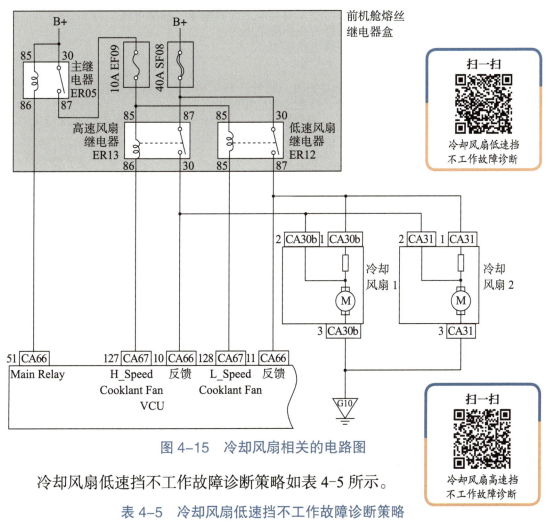

图 4-15 冷却风扇相关的电路图

冷却风扇低速挡不工作故障诊断策略如表 4-5 所示。

表 4-5 冷却风扇低速挡不工作故障诊断策略

诊断项目	诊断步骤
检查整车控制器熔丝 EF09 和 SF08	启动开关关闭，拔下 EF09（10）和 SF08（40）熔丝，检查是否熔断， 熔断：检查熔丝，更换额定容量熔丝； 未熔断：进入下一步诊断
检查冷却风扇低速继电器	启动开关关闭，拔下冷却风扇低速继电器，使用同型号继电器代替，检查故障是否排除， 排除：更换相同规格继电器； 未排除：进入下一步

续表

诊断项目	诊断步骤
检查整车控制器电源、搭铁	①启动开关关闭,断开整车控制器线束插接器。 ②启动开关打开,使用万用表测量整车控制器线束插接器的128号端子与可靠车身接地之间的电压,标准电压:11～14 V。 检查结果是否在标准范围内; 否:修理或更换线束; 是:进入下一步
检查冷却风扇搭铁是否可靠	①启动开关关闭,断开冷却风扇1和2线束插接器(两个线束插接器端子外观和功能相同)。 ②使用万用表分别测量两个冷却风扇线束插接器的端子3与车身可靠搭铁之间的电阻,标准电阻:小于1Ω。 检查结果是否在标准范围内, 否:修理或更换线束; 是:进入下一步
检查冷却风扇电源、搭铁之间的电压	①启动开关关闭,断开冷却风扇1和2线束插接器(两个线束插接器端子外观和功能相同)。 ②启动开关打开,连接诊断仪执行散热风扇低速转动测试(也可使用连接导线将整车控制器线束插接器端子128与车身可靠搭铁点连接,强制冷却风扇启动)。 ③使用万用表分别测量两个冷却风扇线束插接器的端子3与端子1之间的电压,标准电压:11～14 V。 检查结果是否在标准范围内, 否:更换冷却风扇; 是:进入下一步
检查低速继电器与冷却风扇之间的电路	①启动开关关闭,断开冷却风扇1和2线束插接器(两个线束插接器端子外观和功能相同)。 ②拆卸低速继电器。 ③使用万用表测量冷却风扇1和2线束插接器1号端子和低速风扇继电器线束侧的87号端子之间的电阻,标准电阻:小于1Ω。 检查结果是否在标准范围内, 否:修理或更换线束; 是:进入下一步
检查低速继W电器与整车控制器之间的电路	①启动开关关闭,断开整车控制器线束插接器;拆卸低速继电器。 ②使用万用表测量整车控制器线束插接器端子11和低速继电器线束插接器端子87之间的电阻,标准电阻:小于1Ω。 检查结果是否在标准范围内, 否:修理或更换线束; 是:更换整车控制器
诊断结束	

> **思考与讨论**

公平看待新能源汽车起火事故

目前国家最新的《电动汽车用动力蓄电池安全要求》中明确要求，当电池发生热失控以后，电池不能起火爆炸，要留出 5 min 给乘客逃离。

如果要对比燃油车和新能源汽车起火的概率是比较困难的，不过可以根据两个数据进行观察，一个是美国消防协会的统计，2012 至 2019 年间全美车辆起火事件中，特斯拉平均行驶 2.8×10^8 km 才会发生一次起火事故，燃油车则是平均行驶 3×10^7 km 发生一次。

从数据可以看出，电动汽车失火的概率要比燃油汽车小得多。不要因为媒体的过于关注而对新能源汽车产生误解。

任务 4.3　驱动电机冷却系统故障诊断任务工单

学生姓名		班级		学号	
实训场地		学时		日期	
任务	能根据故障现象分析可能原因并进行检修。				
实训设备	（1）防护装备：防护用品一套（工作服、绝缘劳保鞋、护目镜、绝缘头盔、绝缘手套）。 （2）车辆、台架、总成：吉利帝豪 EV450 或其他纯电动汽车。 （3）专用工具、设备：拆装专用工具。 （4）手工工具：新能源汽车维修组合工具。 （5）辅助材料：高压电维修警示牌和设备、绝缘地胶、二氧化碳类型灭火器、清洁剂。				
任务要求	完成对纯电动汽车的驱动电机与控制器冷却系统的主要部件检修。				
相关信息	根据教材中的信息，完成以下内容。 （1）简述冷却系统故障征兆。 （2）简述温度传感器引发驱动电机过热故障诊断策略。 （3）简述冷却液泵不工作的故障诊断策略。 （4）简述冷却风扇低速挡不工作故障诊断策略。				

计划与决策	请根据任务要求，确定所需要的场地和物品，并对小组成员进行合理分工，制订详细的工作计划。 一、人员分工 小组编号：　　　　　组长： 小组成员： 我的任务： 二、准备场地及物品 检查并记录完成任务需要的场地、设备、工具及材料。 1. 场地 检查工作场地是否清洁及存在安全隐患，如不正常，请汇报老师并及时处理。 记录： 2. 车辆、充电桩、其他 车辆： 充电桩： 其他： 3. 设备床、工具及材料 防护装备： 设备及工具： 4. 安全要求及注意事项 （1）实训汽车停在实训工位上，没有经过老师批准不准启动，经老师批准后启动，首先应检查车轮的安全顶块是否放好，手制动是否拉好，排挡杆是否放在 P 挡（A/T），车前有没有人。 （2）禁止触碰任何带有安全警示标识的部件。 （3）实训期间禁止嬉戏打闹。 三、制订工作方案 根据任务，小组进行讨论，确定工作方案（流程/工序），并记录。

实施与检查	根据制订的计划实施，完成以下任务并记录。 （1）吉利帝豪EV450纯电动汽车电动水泵更换的拆卸程序与安装程序。 操作记录： 　拆卸程序： 　安装程序： （2）排除吉利帝豪EV450纯电动汽车冷却风扇低速挡不运转故障的步骤。 操作记录：
评估	根据任务完成情况，学生自我评分，教师或指定组长在过程巡视/验收检查时，发现问题直接扣分。 | 评估项目(分值)	自我评估	小组评估	教师评估
---	---	---	---
相关信息（5）			
决策与计划（5）			
实施与检查（10）			
合计（20）			
总评				